# 历史自信与中国道路

王学斌

· 著 -

GUANGXI NORMAL UNIVERSITY PRESS

广西师范大学出版社

·桂林·

历史自信与中国道路
LISHI ZIXIN YU ZHONGGUO DAOLU

**图书在版编目（CIP）数据**

历史自信与中国道路 / 王学斌著. -- 桂林：广西
师范大学出版社，2024.1
ISBN 978-7-5598-6080-4

Ⅰ．①历… Ⅱ．①王… Ⅲ．①中国共产党－党史－
学习参考资料 Ⅳ．①D239

中国国家版本馆 CIP 数据核字（2023）第 219714 号

广西师范大学出版社出版发行

（广西桂林市五里店路 9 号　邮政编码：541004）
网址：http://www.bbtpress.com
出版人：黄轩庄
全国新华书店经销
桂林广大文化发展有限责任公司印刷
（广西桂林市中华路 22 号　邮政编码：541001）
开本：880 mm ×1 240 mm　1/32
印张：7.625　　字数：180 千
2024 年 1 月第 1 版　　2024 年 1 月第 1 次印刷
定价：59.00 元

如发现印装质量问题，影响阅读，请与出版社发行部门联系调换。

# 目　录

# 导论 "史者，所以明夫治天下之道也"：
## 历史自信的出场因缘

2022 年 7 月，《求是》杂志第 14 期发表习近平总书记在中央政治局第三十九次集体学习上的重要讲话《把中国文明历史研究引向深入 增强历史自觉坚定文化自信》。在讲话开篇，习近平总书记特意引用"史者，所以明夫治天下之道也"的名句，着重强调党的十八大以来，党中央一直重视"尊崇历史、研究历史，确立历史思维，传承中华优秀传统文化"。① 这也充分凸显出中国文明历史研究所独具的悠久鉴戒传统与现实资政功能。

"史者，所以明夫治天下之道也"一语出自宋代学者曾巩所撰的《南齐书目录序》。《南齐书》是记录南朝萧齐一代正史作品，总编撰是出身于萧齐皇室、身为齐高帝萧道成之孙的萧子显。史书

---

① 习近平：《把中国文明历史研究引向深入 增强历史自觉坚定文化自信》，《求是》2022 年第 14 期。

记载萧氏"幼聪慧,好学,工属文",故由其执掌修"国史"之重任。整体而言,《南齐书》详略得当、史实可信、体例齐备、颇显见识,较全面地反映了萧齐一代的历史面貌。然任何著作终非完璧,因萧子显乃皇室嫡系、个人行文"喜自驰骋",加之南齐首尾存续仅二十四年,史料搜辑不易,不免存在曲笔较多、典志不全的缺憾。职是之故,一度在北宋任职史馆的曾巩整理《南齐书》时就指出"其更改破析、刻雕藻缋之变尤多,而其文益下。岂夫材固不可以强而有邪?"①

众所周知,曾巩乃名扬古今的唐宋八大家之一,然其史学造诣亦非寻常。他负责编校过古代史籍,纂撰《英宗实录》,典修《五朝国史》,还作过许多史论文章和咏史诗词。曾巩之史学,生前就"见称士类",深受朝野赞赏。清代史学大师章学诚甚为推崇曾氏其学其文,誉之为堪比刘知几、郑樵的"良史才";《南齐书目录序》更是"古人序论史事,无若曾氏此篇之得要领者。盖其窥于本原者深,故所发明,直见古人之大体也。先儒谓其可括十七史之统序,不止为《南齐》一书而作,其说洵然"②。可见曾巩能提出史学之作用在于为世人提供治理天下之方法,乃至概括出"知今者,莫若考古"的命题,并不偶然。

尤值措意的是,曾巩在文中提炼"史者,所以明夫治天下之道也"这一论断前,还专就古之良史标准给出个人意见:"其明必足以周万事之理,其道必足以适天下之用,其智必足以通难知之意,其

---

① (宋)曾巩:《南齐书目录序》,见萧子显《南齐书》第三册,北京:中华书局,2017 年,第 1038 页。
② (清)章学诚:《章学诚遗书》,北京:文物出版社,1985 年,第 177 页。

文必足以发难显之情。"①在曾氏心目中,著史者须明察必定能够遍及天下万事万物的道理,其所持道必定要适合天下的运用,其才智必定能够通晓难理解的意思,其文笔必定能够阐发难以显露的情形。如此,方能彰明治国理政之大道,史学经世致用之功能方可展开。以古视今,不难发现古代深厚博大的史学积累对于我们当代的中国文明历史研究提供了极其宝贵的传统资源,有待进一步挖掘、汲取、品味与借鉴。

举其大且要者,中国史学致用传统有三个特质。其一,求"大"。南宋朱熹曾言读史"当观大伦理、大机会、大治乱得失"②,意味着研读历史首要立意高远,关怀宏大。无论治史或是治国,皆须从变动不居的历史进程中探寻时代之大趋势、大方向,提炼大命题,把握大脉动。如司马迁修《史记》,时间纵贯三千年,空间横跨数万里,人物遍布全阶层,体例覆盖各类型,大构思方成就大手笔,无怪乎清代学者赵翼道:"司马迁参酌古今,发凡起例,创为全史。"③对比当前的中华文明探源工程,其涉及中华文明起源、形成、发展的基本图景、内在机制以及各区域文明演进路径等重大问题,毫无疑问是至为关键的课题。这将为完善我国百万年的人类史、一万年的文化史、五千多年的文明史,为人类文明新形态建设提供理论支撑,为推动文明交流互鉴和构建人类命运共同体,贡献不可

---

① (宋)曾巩:《南齐书目录序》,见萧子显撰《南齐书》第三册,北京:中华书局,2017年,第1038页。
② (宋)黎靖德编:《朱子语类》卷十一,长沙:岳麓书社,1997年,第176页。
③ (清)赵翼撰,王树民校证:《廿二史札记校证》卷一,"各史例目异同"条,北京:中华书局,1984年,第3页。

替代的成果与思想,堪称规模庞大、价值巨大、意义重大、影响远大。

其二,贵"通"。先立其大,再贯乎通。清初大儒王夫之认为执政者倘有"经国之远图,存乎通识",即"通乎事之所由始,弊之所由生,害之所由去,利之所由成,可以广恩,可以制宜,可以止奸,可以裕国,而咸无不允"①。具体而言,所谓"通",首要"博通",即大量搜辑考察各类尤其原始一手材料或遗迹,为深入研究奠定坚实基础;其次要"贯通",即综合研究有关材料或遗迹,通过归纳概括引出结论;再次为"通识",即注重由综合贯通中求得更全面深刻的认识;最终实现"会通",既把天、地、人作为整体,又将天道、地道、人道联系起来,反映出中华民族特有的历史思维与整体意识。这种思维意识对中华文明探源过程启示很大。探索中华文明起源,绝非一人、一学科、一团队、一时代之事,迫切需要加强统筹规划和科学布局,坚持多学科、多角度、多层次、全方位,密切考古学和历史学、人文科学和自然科学的联合攻关,久久为功,拓宽研究时空范围和覆盖领域。与此同时,也唯有秉持"通"的宗旨,我们才能真正讲清楚中华文明缘何"是中华民族独特的精神标识,是当代中国文化的根基,是维系全世界华人的精神纽带,也是中国文化创新的宝藏"②。

其三,崇"德"。可大可通,于是历史自然显露出德之光辉,我

---

① (清)王夫之:《读通鉴论》卷二十二,《船山全书》第十册,长沙:岳麓书社,2011年,第836页。
② 习近平:《把中国文明历史研究引向深入 增强历史自觉坚定文化自信》,《求是》2022年第14期。

们的文明亦因之可亲可久。章学诚认为:"盖欲为良史者,当慎辨于天人之际,尽其天而不益以人也。"①治史者以求真求是之心,才能撰写崇德向善之作。换言之,对待我们的文明历史,要能不抱偏见,不作武断,不凭主观,不谋私利,不求速达,如此我们那些最为珍贵的精神内核和思想精髓才能如玉石般温润可亲,似高山般坚韧可久。在这篇重要讲话中,习近平总书记要求"研究阐释中华文明讲仁爱、重民本、守诚信、崇正义、尚和合、求大同的精神特质和发展形态,阐明中国道路的深厚文化底蕴","讲好中华文明故事,向世界展现可信、可爱、可敬的中国形象"。② 这都提示我们在进行中国文明历史研究中注重揭示与阐释自身优秀的思想元素和文化基因,更好地构筑中国精神、中国价值、中国力量。

"出乎史,入乎道。欲知大道,必先为史。"③当代中国是历史中国的延续和发展,我们的伟大实践,在某种程度上是深深扎根于五千多年中国历史的延长线上,我们的历史自信,在一定意义上也是稳稳奠基于五千多年中华文明的沃土之中。求其大者,贵其通识,崇其德性,在蓬勃发展的中国文明历史研究中展现既有史学传统之重光,并赋予其新意,这当是习近平总书记特意征引"史者,所以明夫治天下之道也"一语的深沉思考与殷切期望所在。

由此延伸,历史自信的出场因缘已如"山高月小",自是"水落石出"。正是经历过五千多年的过程,承受了一百八十多载的困

① (清)章学诚:《文史通义》,北京:北京古籍出版社,1956年,第144—145页。
② 习近平:《把中国文明历史研究引向深入 增强历史自觉坚定文化自信》,《求是》2022年第14期。
③ (清)龚自珍:《龚自珍全集》,上海:上海人民出版社,1975年,第81页。

厄,铸就了一百零二个春秋的辉煌,我们中华民族、中国共产党人的历史自信方破土而出、生机勃勃、顶天立地、述往知来。这是一种深厚的自信,又是一种多维的自信。为了更好地揭示与呈现该重大命题的深沉渊源与实现属性,本书着重从五个方面对"中国共产党人的历史自信"进行系统梳理与剖析。

首先,当循名责实解释与阐释何谓"历史自信",故其提出的现实依据、理论内涵、未来指向、考察视野、言说对象,都值得深入考察与思量。其次,自信之形成与涵育,万万离不开中国共产党人百年来的可贵而敏锐的历史自觉,故从精神属性与思想内涵角度就精神谱系、伟大建党精神、精神密码、抗疫精神、大历史观等重大问题进行抽丝剥茧般的探索,以期展现历史自觉之三昧,则显得尤为必要。再次,无论古之掌权秉钧,还是当前治国理政,治理者缺少了历史思维,是不可能逢山开路、遇水搭桥的。故综合古今中外之历史经验,提炼作为"七大思维"之一历史思维的特质,对于广大党员干部养成良好的历史感、处理问题善于以史为鉴很有裨益。复次,中华文明是诞生于悠久历史长河中的文明,中华民族是具有鲜明历史传统惯习的民族,故我们走过的山川江海、沟沟坎坎,无不铺满了诸多历史智慧,并潜移默化中融入我们的文化、制度、社会乃至日常生活里。如何将日用而不觉的智慧唤醒,并赋予其新的价值,且运用在实现中华民族伟大复兴的壮阔进程之中,是个甚具实践意义的大课题。最后,《左传·襄公二十四年》有云:"太上有立德,其次有立功,其次有立言。虽久不废,此之谓不朽。"唐代大儒孔颖达疏曰:"立德,谓创制垂法,博施济众……立功,谓拯厄除难,功济于时;立言,谓言得其要,理足可传。"①可知我们的历史传统在德性层面自古是有标杆可依,有标准可循,更有前贤可学的。故在第五章,笔者以"历史修养"为题,由《中庸》至理名言导入,择取孔子、孟子、范仲淹、王阳明和曾国藩五位公认的立德为政之模范,述其平生,彰其德行,从而借历史人物来说明历史自信的鲜活面向。

要之,历史自信是枢纽,历史自觉是属性,历史思维是灵魂,历史智慧是躯壳,历史修养是标识,五者大致构成了"中国共产党人历史自信"的主干与内容。坦率而言,该重大命题提出时间不足一年,思想理论界研究尚处于方兴未艾之拓荒阶段,笔者之作自是思虑不周、钻研不深,权作寸砖,期待美玉闻声而至。

---

① (周)左丘明传,(晋)杜预注,(唐)孔颖达正义:《春秋左传正义》卷三十五,北京:北京大学出版社,1999年,第1003页。

# 第一章　历史自信

作为党中央最新提出的重大论断和理论命题,"历史自信"具有强烈的现实依据,深刻的理论内涵与鲜明的未来指向。这是中国共产党、中华民族源于自身历史最纵深处的对既有文明进程、百年奋斗历程、伟大复兴征程与人类发展前程的深厚高远且持久坚实的信仰、信念与信心。在新的赶考之路上,我们唯有不断增强历史认知,深刻把握历史自信的现实依据,不断挖掘其理论内涵,充分彰显其未来指向,从历史进程中洞察历史发展规律和时代发展大势,从而交出一份全面建成社会主义现代化强国、胜利实现中华民族伟大复兴的优异答卷。

同时,历史自信的把握,需要从更长的历史时段去理解和考察,这是孕育于五千多载中华文明长河之中的;历史自信的坚定,需要在无数中国未来的栋梁之材——青年群体中生根发芽,此项工作可谓任重道远;历史自信的扬播,还需要警惕与反驳新时期出现各式各样的历史虚无主义思潮。

要之,恰如《左传》所云:"信,国之宝也,民之所庇也。"①来之不易,乃无价之宝。

---

① (周)左丘明传,(晋)杜预注,(唐)孔颖达正义:《春秋左传正义》卷十六,北京:北京大学出版社,1999年,第429页。

在 2021 年 11 月 11 日党的十九届六中全会第二次全体会议上，习近平总书记明确指出全党要"坚定历史自信，自觉坚守理想信念"，"这次全会《决议》充分显示了我们党高度的历史自信"。① 之后"历史自信"这一论断被不断提及与强调，如 2021 年 12 月 27 日至 28 日，在中共中央政治局召开的党史学习教育专题民主生活会上，习近平总书记指出，"一百年来，我们党致力于为中国人民谋幸福、为中华民族谋复兴，致力于为人类谋进步、为世界谋大同，天下为公，人间正道，这是我们党具有历史自信的最大底气，是我们党在中国执政并长期执政的历史自信，也是我们党团结带领人民继续前进的历史自信。"②其后 2022 年 1 月 11 日在省部级主要领导干部学习贯彻党的十九届六中全会精神专题研讨班开班式上，习近平总书记又提出"增加历史自信、增进团结统一、增强斗争精神③的指示。就在 2022 年 3 月由中共中央办公厅印发的《关于推动党史学习教育常态化长效化的意见》中，再次明确强调

---

① 习近平：《以史为鉴、开创未来，埋头苦干、勇毅前行》，《人民日报》2022 年 1 月 2 日。

② 习近平：《在中共中央政治局党史学习教育专题民主生活会上的讲话》，《人民日报》2021 年 12 月 29 日。

③ 习近平：《在省部级主要领导干部学习贯彻党的十九届六中全会精神专题研讨班开班式上的讲话》，《人民日报》2022 年 1 月 12 日。

"着眼坚定历史自信,坚持不懈把党史作为必修课、常修课"①。可见"历史自信"是党中央提出的非常重要的最新论断和理论命题,值得深入领会。

"历史自信"的提出,须紧扣全面总结党的百年奋斗重大成就和历史经验的现实语境,这是对中国共产党历史的主题、主线、主流、本质深邃把握后的结论,该论断极大地拓展了中国共产党在百年奋斗中时空意义和文明价值。综观学界已有研究成果,笔者以为尚需从该命题所提出的现实依据、蕴含的理论内涵和昭示的未来指向三方面进行更为深入的研讨。

## 一、历史自信的四重现实依据

毫无疑问,首须讲清楚的一个问题,即为什么要在党的百年华诞之际郑重提出"历史自信"?概而言之,唯有历经百年的光阴,方能将这种自信孕育而成,也唯有贯穿百年的求索,方能将这种自信和盘托出,其间蕴含着四重深沉的现实依据。

首先,中国共产党传承了中华文明深邃的历史精神。欲知大道,必先为史。记录与探究历史是人类理解自身的重要途径。可以说,历史是一种经验,是一个生命。既是生命,自然不能被拦腰截断,我们不能宣称今天、明天与昨天毫无关联。毕竟一个人的生命,是从出生之日算起,于春夏秋冬循环往复中成长发展的。一个

---

① 《中办印发〈关于推动党史学习教育常态化长效化的意见〉》,《人民日报》2022 年 3 月 22 日。

国家和民族,亦当做如是观,其演进轨迹乃至文明根性唯有在绵延不绝的时间线索与空间累积中,才能逐渐成为历史,且滋养当下和未来。习近平总书记曾指出:"重视历史、研究历史、借鉴历史是中华民族5000多年文明史的一个优良传统。"①进而申言,中华民族在某种意义上是一个"历史的民族",特别重视自身历史的传承与借鉴,具有浓厚深沉的历史意识。所谓历史意识,即人类在绵延的历史过程中,将自身的存在依赖于历史,且自身受到历史委托的一种自觉,并在这一过程中追问人类存在的意义,甚至追问历史过程本身的意义。②

愈是久远厚重的历史积淀,愈能激发强烈高远的历史意识。中国历史的特质,一来持久,从未断裂;二来变化,流动不居。所以我们历代前贤讨论本国史,都善于在持久中触摸其变化的脉搏,在变化中紧盯其持久的痕迹。易言之,贵在"求其久",重在"察其变"。因此西汉史家司马迁撰写巨著《史记》,便把"究天人之际,通古今之变"悬结为心中至高之目标。自此历代王朝但凡定鼎中原,都不忘编修前朝之史,二千多年来前后接力,终形成蔚为大观的二十四史。同时中华民族又深切理解"鉴古知今"之要义所在,如北宋名臣司马光发奋沉潜十九载,"专取国家盛衰,系生民休戚,善可

---

① 习近平:《致中国社会科学院中国历史研究院成立的贺信》,《人民日报》2019年1月4日。

② [日]川胜义雄:《中国人的历史意识》,李天蛟译,成都:四川人民出版社,2022年,第5页。川胜义雄特以中国著名历史学家司马迁之历史观为例,认为古代中国人已具有"以'道'的形而上学为基础的历史意识,以及是人类世界得以存在的'礼'的秩序意识……'道'与'礼'的关系问题,在其后的中国哲学史上一直都是有关世界观的重大话题"。

为法,恶可为戒者"①编纂成皇皇巨著《资治通鉴》,旨在"鉴于往事,有资于治道"。可知中华民族通过进行仁义忠信的价值伦理与经世致用的政治伦理双重持续书写,给本来单纯时间维度的中国历史赋予了无尽的政治和人文意义。赋予意义,既是记录历史,又是解释历史,更是在创造历史。是故中华文明五千年不绝向前,中国人一贯重视历史、借鉴历史,且敬畏历史。

孟子曾言:"夫君子所过者化,所存者神,上下与天地同流,岂曰小补之哉?"回顾历史,过往的一切都已化入典籍、遗迹与记忆之中,有的隐而不彰,然已悄然成为今天的一部分。可以预见的是,今天正在发生的一切,还要继续化融于未来的"历史"与"现实"里面。这个"化",始终贯穿于过去、现在与未来,其中蕴含的要义,就称之为"神",也就是历史精神。我们关注历史,除去具体的人、事与制外,更要注重把握历史背后独特的民族精神和文化精神。这无疑是中国历史传统中最为内核的层次。正坚守此历史精神,中华民族在数千年风雨前行中,可以超乎于千山万壑之外,卓立于文明厄难之上,以守常而待变,故如松柏长青,自信自强。中国共产党始终代表中国先进文化的前进方向,自创立起,就特别注重对自身历史和世界历史的研究与比较,秉持着文明思维看待整个人类发展的进程。新时代坚持和发展中国特色社会主义,更加需要传承与弘扬中国历史精神,更加需要深刻把握人类发展历史规律,在对历史的深入思考中汲取智慧、走向未来。这是把握中国之所以

① (宋)司马光:《进〈资治通鉴〉表》,《资治通鉴》,北京:中华书局,1956 年,第 9607—9608 页。

为中国,为何只有中国共产党可以承担实现中华民族伟大复兴重任的关键理据。

其次,中国共产党担负着实现伟大复兴的历史使命。孔子曾言:"岁寒然后知松柏之后凋。"考察中华民族的历史精神,追溯中国共产党的历史自信,见之盛世承平之际,不若见之危难困厄时,则更显得雄壮慷慨,坚韧有力。历史的演进并非一帆风顺,自信的获取亦非水到渠成,其往往须经历无数挑战的淬炼与痛定思痛后的觉醒。1840年鸦片战争以后,中国逐步成为半殖民地半封建社会,国家蒙辱、人民蒙难、文明蒙尘,中华民族遭受了前所未有的劫难。在中西"大分流"的历史情境下,西方诸强挟两次工业革命之优势,先资本东进、继西力东侵、且西学东渐,终致中国深陷艰险重重的危局之中。正如近代著名思想家梁启超所言:"呜呼!中国之弱,至今日而极矣!"①其表现为"不知国家与天下之差别""不知国家与朝廷之界限"和"不知国家与国民之关系"。② 无须讳言,既然现代化洪流是每一个身处近代变局中的国家都需要面对之最大课题,那么中国自当进行国家的现代转型。问题在于,中国的转型,是追摹先发型现代化国家的模式亦步亦趋,还是基于自身的历史遗产,与科学理论结合下的返本开新? 为了拯救民族危亡,中国人民奋起反抗,仁人志士奔走呐喊。自粤海炮响起,实现中华民族伟大复兴,就成为中国人民和中华民族最伟大的梦想。须知道,走向

---

① 梁启超:《中国积弱溯源论》,《饮冰室文集之五》,《饮冰室合集》第一册,北京:中华书局1989年,第12页。

② 梁启超:《中国积弱溯源论》,《饮冰室文集之五》,《饮冰室合集》第一册,北京:中华书局1989年,第15—16页。

复兴的道路从来都不平坦。从林则徐倡导"开眼看世界",魏源提出"师夷长技以制夷",张之洞主张"中体西用",坚持故有之纲常伦理,追摹西方之器物技艺,再到孙中山疾呼"亟拯斯民于水火,切扶大厦之将倾",推翻清王朝,建立亚洲第一个民主共和国。一次次的救国方案无不涂抹着模仿西方、改变传统的底色。然而历史发展总是螺旋式上升、波浪式前进的。由于历史进程和社会条件的制约,由于没有找到解决中国前途命运问题的正确道路和领导力量,单纯复制资本主义文明的既有发展模式,并不足以拯救中国于水火。即使是辛亥革命,也没能改变旧中国半殖民地半封建的社会性质和中国人民的悲惨境遇,没有完成实现民族独立、人民解放的历史任务。旧的已破,新的未立,一部近代史,中华民族歧路彷徨,失却了曾经拥有的自身历史信心。

柳暗花明,峰回路转。1921 年,中国共产党甫一创立,即肩负起实现中华民族伟大复兴的神圣历史使命。一百余年来,我们党团结带领人民进行的一切奋斗、一切牺牲、一切创造,都是在践行为中国人民谋幸福、为中华民族谋复兴的初心使命。我们党之所以能够在近代以后各种政治力量反复较量中脱颖而出、赢得人民信任、取得重大成就,根本原因就在于党在坚持初心使命上矢志不渝、坚定如磐。我们党在不同历史时期纵然有不同的奋斗目标和工作任务,但这些目标和任务总体上都服从服务于为中国人民谋幸福、为中华民族谋复兴。换言之,近代中国赓续与转型的实现,是在中国共产党领导下,坚持马克思主义的指导作用,恢复了国家主权的独立,维护了统一的多民族国家,秉承绵延不绝的中华文明认同,绝非照搬欧洲中心主义叙事下的民族国家路径。这是一条中国式现代化新道路，从而创造了人类文明新形态。经浴血奋战而百折不挠，敢自力更生且发愤图强，从解放思想到锐意进取，既自信自强又守正创新，中华民族对自身历史的信心，终于在中国共产党持续践行初心使命的历程中重新拾回。

再次，中国共产党积淀下丰富有机宝贵的历史经验。在现实中发现问题，从历史里追寻答案。注重总结历史经验，是中国历史精神的最佳体现，也是中国共产党一贯的优良传统。《中共中央关于党的百年奋斗重大成就和历史经验的决议》中所概括的"十个坚持"的历史经验是相互贯通、相辅相成的整体："党的领导"是根本，"人民至上"是宗旨，"理论创新"是指南，"独立自主"是立场，"中国道路"是方向，"胸怀天下"是格局，"开拓创新"是动力，"敢于斗争"是决心，"统一战线"是法宝，"自我革命"是特质。这是百年来党领导人民艰辛探索、接续奋斗理论和实践的科学总结，必须倍加珍惜，毫不动摇坚持，与时俱进发展。

历史经验的可贵之处在于环环相扣，前后相连。要把这"十个坚持"同习近平总书记在庆祝中国共产党成立一百周年大会上的讲话提出的"九个必须"等结合起来，一体学习理解、一体贯彻落实。如此，方能更好地理解"以史为鉴，可以知兴替"之深意，善于运用历史映照现实、远观未来，从中国共产党的百年奋斗中看清楚过去我们为什么能够成功、弄明白未来我们怎样才能继续成功，从而在新的征程上更加坚定历史自信、更加自觉地牢记初心使命。

与此同时，历史经验更是历史自信形成与生效的标志与证明。具体而言，立足新的赶考之路，我们要善于以党的历史经验观察时势，作为正确判断形势、科学预见未来、把握历史主动的重要思想武器,更好观察时代、把握时代、引领时代;要善于以党的历史经验谋篇布局,作为想问题、做决策、办事情的重要遵循,善于从历史经验中增强赢得主动、赢得优势、赢得未来的定力、魄力、能力;要善于以党的历史经验科学决策,作为判断重大政治是非的重要依据,在方向性、原则性问题上自觉对标对表;要善于以党的历史经验修德"补钙",作为加强党性修养的重要指引,善于运用贯穿其中的马克思主义立场、观点、方法,改造主观世界,坚定理想信念,不断提高广大党员、干部特别是领导干部的政治觉悟、思想境界、道德水平。

复次,中国共产党内生出高度敏感强烈的历史自觉。在深沉历史精神滋养下,中国共产党及时自我反省,善于积极总结经验,这恰说明中国共产党具有高度敏感强烈的历史自觉,这是养成历史自信的必要条件。中国共产党的历史自觉,在于能够始终自觉学习党的历史知识,总结党的历史经验,坚持党的历史镜鉴,充分发挥历史的主动性和实践的能动性,善于在危机中抓先机育新机、在变局中开新局,避免盲目性、自发性和被动性,从而把握历史规律、顺应历史大势、引领历史潮流。

正基于此,中国共产党的历史自觉是一种久经锤炼的自觉。回望百年艰辛征程,我们党什么样的困难没有经历过?什么样的挑战没有遇到过?大革命失败,已经发展到近5.8万党员的党只剩下了1万多党员。王明"左"倾教条主义错误造成的失败,给革命根据地和白区革命力量造成极大损失,革命成果几乎毁于一旦。"文化大革命"十年内乱,使党、国家、人民遭到新中国成立以来最严重的挫折和损失。但是,我们党几度遭遇山重水复,几度实现绝处逢生,在人民支持下,依靠自己的力量战胜困难、修正错误、走向光明,正是在这样的千锤百炼中,我们党的历史自觉愈益强大和成熟起来。

同时,中国共产党于百年历程中内生的历史自觉,又是继往开来、持续奋斗的法宝。总结历史是为了使全党从历史进程中洞察历史发展规律和时代发展大势,提高认识水平和辨别能力,增强锚定既定奋斗目标、意气风发走向未来的勇气和力量,更加清醒、更加坚定地办好当前的事情。历史自觉在其中的作用必不可少。

"观今宜鉴古,无古不成今。"十九届六中全会以党的百年奋斗重大成就和历史经验为主题,《中共中央关于党的百年奋斗重大成就和历史经验的决议》概括为"三个需要",即这是在建党百年历史条件下开启全面建设社会主义现代化国家新征程、在新时代坚持和发展中国特色社会主义的需要;是增强"四个意识"、坚定"四个自信"、做到"两个维护",确保全党步调一致向前进的需要;是推进党的自我革命、提高全党斗争本领和应对风险挑战能力、永葆党的生机活力、团结带领全国各族人民为实现中华民族伟大复兴的中国梦而继续奋斗的需要。可见中国共产党提出历史自信这一重要论断,是正逢其时、应运而生,深深内嵌于百年华诞的历史契机。中华文明的历史精神是其根基,中华民族伟大复兴是其动力,宝贵历史经验是其标志,高度历史自觉是其特质,四重依据环环相扣,融为一体。

## 二、历史自信的四层理论内涵

综上论述可以推知,中国共产党的历史自信,是我们中国共产党、中华民族源于自身历史最纵深处的对既有文明进程、百年奋斗历程、伟大复兴征程与人类发展前程的深厚高远且持久坚实的信仰、信念与信心。既然是历史自信,就其理论内涵而言,该论断的内在构成必定涵盖时间维度与空间维度,且贯穿古今中外诸领域,大致需从四个层面进行把握:

第一,中国共产党的历史自信得益于中国绵延不绝的文明进程。中国特色社会主义道路来之不易,它是在改革开放 40 多年的伟大实践中走出来的,是在中华人民共和国成立 70 多年的持续探索中走出来的,是在对近代以来 180 余年中华民族发展历程的深刻总结中走出来的,是在对中华民族 5000 多年悠久文明的传承中走出来的,具有深厚的历史渊源和广泛的现实基础。中国共产党善于以今日之我"观"昨日之我,坚守根基,温故知新,始终把"中国特色"与经久不衰的文明进程紧紧相连,将历史中国与当代中国融会贯通,把鉴古知今与学史明智合二为一,不断在鲜活而丰富的实践中实现马克思主义基本原理与中国具体实际、中华优秀传统文化有机结合,凝练出中华文化与中国精神的时代精华。

第二,中国共产党的历史自信源自百年伟大辉煌的奋斗历程。"一百年来,党领导人民浴血奋战、百折不挠,创造了新民主主义革命的伟大成就;自力更生、发愤图强,创造了社会主义革命和建设的伟大成就;解放思想、锐意进取,创造了改革开放和社会主义现代化建设的伟大成就;自信自强、守正创新,创造了新时代中国特色社会主义的伟大成就。"[1]不容置疑的事实,正说明中国共产党善

---

① 本书编写组编著:《〈中共中央关于党的百年奋斗重大成就和历史经验的决议〉辅导读本》,北京:人民出版社,2021 年,第 15—16 页。

于以今日之我"瞩"今日之我，清醒成熟、自我革命，始终把历史经验与引领时代、战略决策、把握原则与加强修养等任务融为一体，于历史进程中把握历史规律，以高度历史自觉谋求最大历史主动，见微知著、化危为机，顺应趋势，主动出击，书写了中华民族几千年历史上最恢宏的史诗。

第三，中国共产党的历史自信昭示着未来伟大复兴的宏远征程。抚今追昔，从文明难以赓续、一派衰败凋零，到实现独立自主、持续稳定富强，我们比历史上任何时期都更接近、更有信心和能力实现中华民族伟大复兴的目标。综观《中共中央关于党的百年奋斗重大成就和历史经验的决议》，隐含其中的关键逻辑即将中国共产党的百年奋斗历程置于中华民族伟大复兴的战略全局中来把握，所取得的宝贵历史经验是对未来实现中华民族伟大复兴起着举足轻重作用的制胜法宝。中国共产党"概括了具有根本性和长远指导意义的十条历史经验，即坚持党的领导、坚持人民至上、坚持理论创新、坚持独立自主、坚持中国道路、坚持胸怀天下、坚持开拓创新、坚持敢于斗争、坚持统一战线、坚持自我革命。这十条历史经验是系统完整、相互贯通的有机整体，揭示了党和人民事业不断成功的根本保证，揭示了党始终立于不败之地的力量源泉，揭示了党始终掌握历史主动的根本原因，揭示了党永葆先进性和纯洁性、始终走在时代前列的根本途径。"①如此环环相扣的十条经验，恰体现出中国共产党善于以今日之我"瞻"明日之我，以史为鉴，开创未来，始终把既有历史转化为推动未来征程的原生动力，借总结

----

① 本书编写组编著：《〈中共中央关于党的百年奋斗重大成就和历史经验的决议〉辅导读本》，北京：人民出版社，2021年，第95—96页。

历史来洞察大势,以锚定目标来赢得未来,更加清醒、更加坚定地办好当前的事情。

第四,中国共产党的历史自信影响着人类变动不居的发展前程。中国共产党的成就和贡献,不仅是历史性的,也是世界性的。百年风雨兼程,我们党领导人民不仅创造了世所罕见的经济快速发展和社会长期稳定两大奇迹,而且成功走出了中国式现代化道路,创造了人类文明新形态。诸多成就,前无古人,影响中外。中国共产党人善于以公道正义来立人达人,互利共赢,携手前行,始终把天下为公的正道作为与世界各国共享共治的根本原则,破解了人类社会发展的众多难题,摒弃了西方以资本为中心、两极急剧分化、物质主义膨胀和对外扩张掠夺的现代化老路。放眼未来世界,依然面临全球化日益复杂、经济与政治格局持续裂变乃至文明交往模式升级换代的百年之变,更需要中国在不断开拓发展中国家现代化路径的过程中,为人类的发展前程提供中国方案和中国智慧。

理解了中国共产党的历史自信的四重深刻理论内涵,亦须把握其生成机理。大致而言,首先,历史认知是历史自信的重要基础。历史认知的形成,来自对本国、本民族历史记忆的不断收集、保存、筛选与阐释,从而保证其传承和延续。历史记忆是一种集体记忆,任何个人对历史事件的记忆都具有社会的性质,不能完全脱离周围的环境而完全是个人的活动,某个群体当中对某一事件的记忆大体上是相同的。同时,历史记忆既规定了记忆的对象是历史事件,也指记忆本身的历史,即在历史发展的过程中,不同时代的人们对这一事件记忆、遗忘、重构以及重新占用的历程。这充分说明,真实且稳固的历史记忆对于形成正确的历史认知、增强历史自信意义非凡。因此,十八大以来,我们坚持唯物史观、正确党史观,在党和国家历史问题上正本清源,成效显著。同时我们必须清醒认识到,一旦放松了对历史记忆的科学总结,便容易患上"历史失忆",混淆历史认知,导致对党的历史上走过的弯路、经历的曲折健忘失忆;对中外政治史上那些安于现状、死于安乐的深刻教训健忘失忆;对自身存在的问题反应迟钝,处理动作慢腾腾、软绵绵,最终人亡政息! 因此党必须郑重、全面、权威地对党的历史作出科学总结,并在此基础上持之以恒推进党史总结、学习、教育、宣传,让正确党史观更深入、更广泛地树立起来,让正史成为全党全社会的共识,筑牢中华民族共同的历史记忆。

其次,另一个问题更需要我们深入辨析,即历史自信与四个自信之间是什么关系? 总体而言,四个自信是对中国特色社会主义自身特质的概括与提炼,历史自信是对中国共产党百年奋斗重大成就和历史经验的把握与总结,双方并不是一个层面上的议题。显而易见,中国共产党在百年华诞之际提出"历史自信",诚可谓对"四个自信"认识的进一步丰富和深化,极大拓展了考察"四个自信"的时空维度。

历史自信为探寻道路自信铺就了更为清晰的历史脉络。道路自信是根本,决定命运、关乎前途。它是解决中国走什么路的问题。中国特色社会主义道路,是实现我国社会主义现代化的必由之路,是创造人民美好生活的必由之路。从人类文明的整体视角审视,中国的道路自信是奠定在人类文明进步与现代化变迁之上的历史必然。以文明探索、文明选择、文明延续、文明超越为线索,中国道路在传承中华文明、遵循社会主义理论逻辑、借鉴人类文明优秀成果的前提下，开创了一条不同于西方现代化道路、超越资本逻辑与工具理性的中国式现代化新道路。中国道路不仅明确了社会主义现代化的文明走向，也通过对资本主义文明的反思与重构，展现出全面现代化的人类文明新形态，为广大发展中国家的现代化建设提供了有益借鉴，这是中国道路自信的根本所在。

历史自信为追问理论自信奠定了更为厚重的历史基础。理论自信是引领，是行动指南。它要解决的是以什么样的理论来武装全党、教育人民的问题。百年历程，既是一种现实斗争，也是一场思想接力。新民主主义革命时期，以毛泽东同志为主要代表的中国共产党人，把马克思列宁主义基本原理同中国具体实际相结合，创立了毛泽东思想，为夺取新民主主义革命胜利指明了正确方向；社会主义革命和建设时期，毛泽东同志提出把马克思列宁主义基本原理同中国具体实际进行"第二次结合"，以毛泽东同志为主要代表的中国共产党人，结合新的实际丰富和发展毛泽东思想，实现了马克思主义中国化的第一次历史性飞跃；改革开放和社会主义现代化建设新时期，党领导和支持开展真理标准问题大讨论，从新的实践和时代特征出发坚持和发展马克思主义，科学回答了建设中国特色社会主义的发展道路等一系列基本问题，形成中国特色社会主义理论体系，实现了马克思主义中国化新的飞跃；党的十八大以来，习近平同志对关系新时代党和国家事业发展的一系列重大理论和实践问题进行了深邃思考和科学判断，是习近平新时代中国特色社会主义思想的主要创立者。习近平新时代中国特色社会主义思想是当代中国马克思主义、二十一世纪马克思主义，是中华文化和中国精神的时代精华,实现了马克思主义中国化新的飞跃。于几代领导集体的代代传承中,理论自信的积淀更为厚重。

历史自信为挖掘制度自信提供了更为丰赡的历史资源。制度自信是保障,是体制依托。它是解决用什么样的制度坚持和发展中国特色社会主义的问题。中国特色社会主义制度和国家治理体系具有深厚的历史底蕴。在几千年的历史演进中,中华民族创造了灿烂的古代文明,形成了关于国家制度和国家治理的丰富思想,包括大道之行、天下为公的大同理想,六合同风、四海一家的大一统传统,德主刑辅、以德化人的德治主张,民贵君轻、政在养民的民本思想,等贵贱均贫富、损有余补不足的平等观念,法不阿贵、绳不挠曲的正义追求,孝悌忠信、礼义廉耻的道德操守,任人唯贤、选贤与能的用人标准,周虽旧邦、其命维新的改革精神,亲仁善邻、协和万邦的外交之道,以和为贵、好战必亡的和平理念,等等。正基于如此深沉的历史滋养,我们的中国特色社会主义制度才能成为当代中国发展进步的根本制度保障,是具有鲜明中国特色、明显制度优势、强大自我完善能力的先进制度。于数千年的追根溯源中,制度自信的资源更为丰赡。

历史自信为彰显文化自信拓展了更为宏阔的历史视野。文化自信是指一个国家、民族、政党对自身文化价值的充分肯定,对自身文化生命力的坚定信念。在5000多年文明发展中孕育的中华优秀传统文化,在党和人民伟大斗争中孕育的革命文化和社会主义先进文化,积淀着中华民族最深层的精神追求,代表着中华民族独特的精神标识。这本身说明作为更基础、更广泛、更深厚的自信,一旦脱离了历史的长时段观照,就无法窥识文化自信之底蕴。换言之,历史维度原本就内嵌于文化自信当中,是其不可或缺的组成部分,是我们提升中华文明叙事、展现中国价值,回击西方中心论、历史终结论的不二利器。可见党中央近期专门对"历史自信"进行一再强调,意义堪称重大。于彼此交融中,文化自信的视野更为宏阔。

由此可知,"四个自信"孕育于不断绵延而厚重的百年奋斗之中,历史自信是理解道路自信、理论自信、制度自信和文化自信的依据、载体和沃土。首先,历史自信是理解和坚持"中国特色"根据。我们所强调的"中国特色",必须从悠久深厚的中国历史中去寻求基本的依据和资源,从而为"四个自信"提供支撑。其次,历史自信渗透到中国人生活的各个领域,润物细无声地化为载体。无论是道路自信、理论自信,还是制度自信、文化自信,它们都是深深扎根于我们千百年来中国人民的日常生活与现实实践,既亲切又久经验证,从而为四个自信带来底气。再次,历史自信的形成经历了长年累月,层累厚积为富有养分的沃土。无论是理论自信、道路自信,还是制度自信、文化自信,其形成过程都经历了一个长期酝酿与完善的过程,它们所共同凭借的一大资源,依然是我们深厚持久的古史、党史、国史和社会主义发展史,从而为四个自信厚植沃土。

## 三、历史自信具备鲜明的未来指向

述往思来,向史而新。对过去锲而不舍地追问与汲取,是为了开创愈益光明而美好的未来。正如习近平总书记所着意强调的,

"在新的赶考之路上,我们能否继续交出优异答卷,关键在于有没有坚定的历史自信"①。《中共中央关于党的百年奋斗重大成就和历史经验的决议》也指出:"现在,中国共产党党团结带领中国人民又踏上了实现第二个百年奋斗目标新的赶考之路。"②这是立足党的百年历史新起点的一个重大判断。新的赶考之路的提出,包含着对党的百年奋斗重大成就和历史经验的深刻总结和向第二个百年奋斗目标迈进的深远谋划,对于全党以史为鉴、开创未来,为实现中华民族伟大复兴目标不懈奋斗,具有重大而深远的意义。该论断需置于宏阔的历史与时代背景中来把握。这势必也决定了中国共产党的历史自信具备着鲜明的未来指向,将继续在新的赶考之路上发挥不可替代的作用。至于如何把握该指向,笔者以为可从三个方面加以观照。

历史自信的未来指向建基于历史感。对于"历史感",习近平总书记曾有过专门论断:"历史是一面镜子,从历史中,我们能够更好看清世界、参透生活、认识自己;历史也是一位智者,同历史对话,我们能够更好认识过去、把握当下、面向未来。'观古今于须臾,抚四海于一瞬。'没有历史感,文学家、艺术家就很难有丰富的灵感和深刻的思想。"③这要求每位中国共产党人对于既有历史须知其大脉,明其大概,观其大局,察其大势,自觉将历史智慧上升为谋篇布局、当机立断的思维资源。借用明末清初大儒王夫之的观

---

① 习近平:《在中共中央政治局党史学习教育专题民主生活会上的讲话》,《人民日报》2021 年 12 月 29 日。

② 本书编写组编著:《〈中共中央关于党的百年奋斗重大成就和历史经验的决议〉辅导读本》,北京:人民出版社,2021 年,第 95—96 页。

③ 习近平:《论党的宣传思想工作》,北京:中央文献出版社,2020 年,第 263 页。

点,即"通乎事之所由始,弊之所由生,害之所由去,利之所由成"①。要善于从历史大事件的兴衰起落、潮涌潮退中把握历史大势、揭示历史规律。换言之,应将历史作为沟通过去、现在与未来之桥梁,从中体察出关乎当前发展之通识。新的赶考之路上,依然需要运用以往的历史精神与历史经验,历史自信在其中的作用至关重要。

历史自信的未来指向立足于现实感。千里之行,始于足下,"最重要的还是做好我们自己的事情"②。这必然要求我们以高度清醒而饱满的现实感把握新的赶考之路的新特点、新阶段和新要求,对世情、国情、党情形成科学判断。放眼全球,世界百年未有之大变局加速演进,新一轮科技革命和产业变革深入发展,伴随世界经济重心的逐步多元,国际力量对比更趋均衡的态势更加明显,同时新冠病毒疫情影响广泛深远,波及面甚大,经济全球化遭遇逆流,人类文明的交往模式也因之而变,世界进入动荡变革期。这势必给我们带来长期的挑战与困难,我们要做好进行持久斗争的准备,至少要伴随实现第二个百年奋斗目标全过程。揆诸国情,我国仍处于并将长期处于社会主义初级阶段,我国仍然是世界最大的发展中国家,社会主要矛盾是人民日益增长的美好生活需要和不平衡不充分的发展之间的矛盾。我国已转向高质量发展阶段,重点领域关键环节改革任务仍然艰巨,创新能力、生态环保、社会治

---

① (清)王夫之:《读通鉴论》卷二十二,《船山全书》第十册,长沙:岳麓书社,2011年,第836页。

② 习近平:《贯彻新发展理念推动高质量发展 奋力开创中部地区崛起新局面》,《人民日报》2019年5月23日。

理等方面还存在许多短板弱项。聚焦党情,党的自身建设上还存在一些不匹配、不适应的地方,"四大考验""四种风险"依然严峻复杂,一些弱化党的先进性、损害党的纯洁性的问题具有很大的危险性和破坏性,特别是党风廉政上的一些问题具有反复性和顽固性,需要时刻提防,反复监管,否则稍不注意就会反弹回潮、前功尽弃。这更需要历史自信为"做好我们自己的事情"提供源源不竭的智慧与镜鉴,保证其行稳致远、守正创新。

历史自信的未来指向有赖于方位感。"辨方位而正则。"在党的十九大报告中,习近平总书记明确指出:"经过长期努力,中国特色社会主义进入了新时代,这是我国发展新的历史方位。"①在庆祝中国共产党成立 100 周年大会上的讲话中,习近平总书记强调,"党的十八大以来,中国特色社会主义进入新时代"②。置身于第二个百年奋斗目标的起跑线上,中国共产党人当无时无刻不提醒自己:我们从哪里来? 我们走向何方? 中国依靠什么到了今天,必须要有一种方位感。面向未来,全面建成社会主义现代化强国、实现中华民族伟大复兴是一场接力跑。走好新的赶考之路,须牢记风风雨雨来时路,看清楚过去为什么能够成功,才能更深入地明白未来怎样继续成功,这种方位感至为关键。方位感的形成,很大程度上有赖于对于既往历程的总结、对当下形势的应对和对未来走向的研判,历史自信鉴往知来的属性自然不可或缺。由此可知,通

---

① 习近平:《决胜全面建成小康社会 夺取新时代中国特色社会主义伟大胜利——在中国共产党第十九次全国代表大会上的报告》,《光明日报》2017 年 10 月 28 日。

② 习近平:《在庆祝中国共产党成立 100 周年大会上的讲话》,《人民日报》2021 年 7 月 02 日。

过深刻认识过去来筑牢历史自信,强调坚定历史自信而把握当下、面向未来,是新时代坚持和发展中国特色社会主义的必然要求。在新的赶考之路上,中国共产党要不断用历史自信提振每位先锋队成员的士气与信心。我们坚信中华文明五千多年历史,没有哪一种政治力量能像中国共产党这样深刻地、历史性地推动中华民族发展进程;更坚信没有中国共产党就没有新中国,就没有中国人民的幸福生活,就没有中华民族的伟大复兴。既然历史和人民选择了中国共产党,中国共产党就一定满怀自信永不辜负历史和人民的选择,开拓出更广阔的创造人民美好生活、实现中华民族伟大复兴的康庄大道。

倘若把党的奋斗历程喻作一条奔流不息、波澜壮阔的万古江河,那么经历百年方才提出的历史自信就是勇立潮头、开山穿石的激流巨浪。来之不易,弥足珍贵。历史是由前人创造的,也是由后人开拓的,在新的赶考之路上,我们唯有不断增强历史认知,坚定历史自信,深刻把握历史自信的现实依据,不断挖掘其理论内涵,充分彰显其未来指向,从历史进程中洞察历史发展规律和时代发展大势,不断提高历史思维和战略思维。放眼未来,中华民族伟大复兴已是大势所趋,势不可挡,蕴含其中的深沉底气即历史自信!

## 四、于长时段中把握"历史自信"

2021年11月11日,在党的十九届六中全会第二次全体会议上,习近平总书记指出"总结历史是为了使全党从历史进程中洞察历史发展规律和时代发展大势,提高认识水平和辨别能力,增强锚定既定奋斗目标、意气风发走向未来的勇气和力量,更加清醒、更加坚定地办好当前的事情","这次全会《决议》充分显示了我们党高度的历史自信"。①以史为鉴,汲取智慧,进而坚定自信,方能开创更美好的未来。毫无疑问作为党中央最新提出的重要理论命题,"历史自信"需要进行深入探讨。

历史犹如长河一般,时而静水流深、波澜不惊,时而是瞬息万变、汹涌澎湃,"不变"与"变",反复切换,是身在历史中的人最直观的感受,也是我们把握历史自信的切入点所在。唯有在极为宏阔与长远的时间视野与空间方位观照下,才可以全面把握历史自信的形成过程和理论特质。故这里借用法国年鉴学派所惯用的学术名词"长时段"②,注重漫长的时空积淀与不同的社会形态,立足人类历史更深层次、恒在的结构,综合观察政治、经济、社会、文化等诸因素的互动,以窥清历史自信的本质。进而言之,历史自信只有置于中华民族形成与发展,中华文明孕育与变迁、社会主义的诞生与演进、伟大复兴的酝酿与前景的整体进程中,采取长线的考察视

---

① 习近平:《以史为鉴、开创未来,埋头苦干、勇毅前行》,《人民日报》2022 年 1 月 2 日。
② 法国年鉴学派大师布罗代尔认为长时段是各种结构和结构群的稳定和互动的历史。结构是一种具有组织与凝聚的网络构造和一种长期延续的实在,它是社会现实和社会整体之间存在的相当稳定的关系,起着干扰时间并改变时间的范围和速度的作用。长时段理论中的另一个重要概念是"时间",布罗代尔认为历史就是一个时间的概念。"长时段"与传统史学对时间思考的关键不同之处,在于意识到时间也应该是有层次和多元性的,因为作为历史学研究对象的人类社会的历史发展过程,本身就包含着不同的结构,而且它们的运动也具有内在的纵深性、层次性和阶梯性特点,所以这些不同的历史结构以及节奏运动,要用不同的历史时间观加以衡量。当然长时段理论有其"洞见",亦有其"不见",本书主要借此理论方法揭示历史自信形成的纵深性与丰富性。

野与思维方式,才足以看清信因何奠定,信如何增强,信为何重要。

历史自信是厚重的,受惠于5000多年文明源泉的积淀与历史遗产的默默滋养。"求木之长者,必固其根本;欲流之远者,必浚其泉源。"毛泽东同志在1939年底撰写的《中国革命和中国共产党》一文中,对中华文明、中华民族有过非常经典的概括。他开篇指出,"从很早的古代起,我们中华民族的祖先就劳动、生息、繁殖在这块广大的土地之上",在漫长历史绵延中形成了统一的国家;同时"中国是一个由多数民族结合而成的拥有广大人口的国家",在国家不断演进过程中,孕育了博大的文明,"中国是世界文明发达最早的国家之一,中国已有了将近四千年的有文字可考的历史";随着各族人民的持续交往交流交融,中华民族孕育而生,这"是一个有光荣的革命传统和优秀的历史遗产的民族"。[①] 可知在这篇党的重要文献里,毛泽东同志创造性地提炼出国家、文明、民族三大要素,这充分证明,一部中国史,就是一部各民族交融汇聚成多元一体中华民族的历史,就是各民族共同缔造、发展、巩固统一的伟大祖国的历史。辽阔的疆域是各民族共同开拓的,悠久的历史是各民族共同书写的,灿烂的文化是各民族共同创造的,伟大的精神是各民族共同培育的。中华民族多元一体是先人留下的丰厚遗产,也是中国自身独具的文明根性和巨大优势,这无疑为历史自信积累了无比厚重的资源。

历史自信是开放的,得益于500多年社会主义活水的实践支援和理论指引。"东海西海,心理攸同。"对于人类理想社会的未来

---

[①] 毛泽东:《中国革命和中国共产党》,《毛泽东选集》第二卷,北京:人民出版社,1991年,第621—623页。

景象,中西方先哲曾设想出近似蓝图。早在先秦时期,中国思想家已用"大道之行也,天下为公。选贤与能,讲信修睦,故人不独亲其亲,不独子其子,使老有所终,壮有所用,幼有所长,矜寡孤独废疾者,皆有所养"①的大同世界来描绘未来。1516 年,托马斯·莫尔在出版的《乌托邦》中所勾画的奇乡异国与大同世界堪称异曲同工。以此书为开端,世界社会主义从空想到科学,走过了荆棘满布的 500 多年。社会主义是人类文明历史发展的产物,是人类对理想社会不懈追求的成果,它为人类开辟了崭新的发展道路,也深刻改变了中国。近二百年来,中华文明与马克思主义,从中西巨变时的彼此凝望,到"五四"大潮中的赤诚相遇,再到百年奋斗里的深相结合,该历程体现出三种特性:即时间上的继起性、空间上的并存性和价值观的融通性。具体而言,自《共产党宣言》发表以来,科学社会主义可划分为"三个 60 年",中国共产党于"第二个 60 年"继苏联而起,坚持把马克思主义写在自己的旗帜上,不断推进马克思主义中国化时代化,用马克思主义中国化的科学理论引领伟大实践。同时,作为时间继起性的过程形式,社会主义与资本主义将在未来很长一段时间内处于空间并存状态。让人振奋的是,马克思主义中国化时代化不断取得成功,使马克思主义以崭新形象展现在世界上,使世界范围内社会主义和资本主义两种意识形态、两种社会制度的历史演进及其较量发生了有利于社会主义的重大转变。从更深层次理解,科学社会主义的主张受到中国人民热烈欢迎,并最终扎根中国大地、开花结果,这是同我国传承了几千年的

①　(汉)郑玄注,(唐)孔颖达疏:《礼记正义》,北京:北京大学出版社,1999 年,第 658—659 页。

优秀历史文化和广大人民日用而不觉的价值观念融通的,故我们将继续坚持把马克思主义基本原理同中国具体实际相结合、同中华优秀传统文化相结合。展望未来,可知资本主义必然向社会主义过渡的趋势不可逆转,这无疑为历史自信指明了毋庸置疑的方向。

历史自信是清醒的,肇因于 180 多年世界现代化洪流的冲击刺激和深刻启示。"贫贱忧戚,庸玉汝于成也。"历史的演进并非一帆风顺,自信的获取亦非水到渠成,其往往须经历无数挑战的淬炼与痛定思痛后的觉醒。1840 年鸦片战争以后,中国逐步成为半殖民地半封建社会,国家蒙辱、人民蒙难、文明蒙尘,中华民族遭受了前所未有的劫难。在中西"大分流"的历史情境下,西方诸强挟两次工业革命之优势,先资本东进、继西力东侵、且西学东渐,终致中国深陷艰险重重的危局之中。鉴于彼时各种救国方案轮番出台,但都以失败而告终的覆辙,基于第一次世界大战所暴露出资本主义文明自身所隐含的根本性矛盾,早在 1916 年,李大钊同志就预言未来中国将铸就"'第三'之文明,乃灵肉一致之文明,理想之文明,向上之文明也"①。换言之,近代中国赓续与转型的实现,是在中国共产党领导下,坚持马克思主义的指导作用,恢复了国家主权的独立,维护了统一的多民族国家,秉承绵延不绝的中华文明认同,绝非照搬欧洲中心主义叙事下的民族国家路径。这是一条中国式现代化新道路,从而创造了人类文明新形态,历史自信亦在浴火重生中失而复得,历久弥坚。

---

① 李大钊:《"第三"》,《李大钊全集》第一卷,北京:人民出版社,2006 年,第 173 页。

历史自信是强大的,源自 100 年中国共产党奋斗大潮的卓越成就和宝贵经验。"其作始也简,其将毕也必巨。"一百年前,我们党刚刚诞生时,可能很少有人预想到能够成就今天这样的历史伟业。我们党领导人民,以百年奋斗深刻改变了近代以后中华民族发展的方向和进程,深刻改变了中国人民和中华民族的前途和命运,深刻改变了世界发展的趋势和格局。放眼中华文明五千多年历史,没有哪一种政治力量能像中国共产党这样深刻地、历史性地推动中华民族发展进程;回顾世界社会主义 500 多年发展史,没有哪一个政治力量能像中国共产党如此勇于结合新的实践不断推进理论创新、善于用新的理论指导新的实践,让马克思主义在中国大地上展现出更强大、更有说服力的真理力量;总结近代以来 180 多年的中华民族复兴进程,没有哪一个政治力量能像中国共产党可以创建新中国,迎来民族复兴的光明前景。历史雄辩地说明,没有中国共产党就没有新中国,就没有中国人民的幸福生活,就没有中华民族的伟大复兴。历史和人民选择了中国共产党,中国共产党也没有辜负历史和人民的选择。为中国人民谋幸福、为中华民族谋复兴,致力于为人类谋进步、为世界谋大同,天下为公,人间正道,历史自信在崇高使命、坚毅前行中彰显无遗、底气十足。

历史自信又是激荡的,昭示着未来新赶考之路的光明前程和壮丽图景。综上可见,借助长时段的考察与把握,历史自信犹如滔滔长河一般,蜿蜒曲折,绵绵不息,终于在新时代积久而成汹涌澎湃、不可阻挡之势。正如习近平总书记所强调的:"在新的赶考之路上,我们能否继续交出优异答卷,关键在于有没有坚定的历史自信。"①放眼未来,中华民族伟大复兴已是大势所趋,势不可挡,蕴含其中的深沉底气即历史自信!

## 五、百年青年荣光与坚定历史自信

青年是标志时代的最灵敏的晴雨表。2021 年 7 月 1 日,习近平总书记在庆祝中国共产党成立 100 周年大会上发表重要讲话,特意指出:"未来属于青年,希望寄予青年。一百年前,一群新青年高举马克思主义思想火炬,在风雨如晦的中国苦苦探寻民族复兴的前途。一百年来,在中国共产党的旗帜下,一代代中国青年把青春奋斗融入党和人民事业,成为实现中华民族伟大复兴的先锋力量。新时代的中国青年要以实现中华民族伟大复兴为己任,增强做中国人的志气、骨气、底气,不负时代,不负韶华,不负党和人民的殷切期望!"②由此可见,以习近平同志为核心的党中央对青年一代寄予了殷切期望和深切关怀,号召和激励广大青年朋友铸牢理想信念,坚定历史自信,不负党和人民重托,不断砥砺奋斗。

百年中国青年,闪耀无限荣光。2022 年正逢中国共产主义青年团建立百年,细细回顾青年运动的百年荣光,与中国共产党奋斗的光辉历程彼此呼应、融为一体。在"第一个百年"的辉煌历程中,

---

① 习近平:《在中共中央政治局党史学习教育专题民主生活会上的讲话》,《人民日报》2021 年 12 月 29 日。

② 习近平:《在庆祝中国共产党成立 100 周年大会上的讲话》,《人民日报》2021 年 7 月 2 日。

中国共产党在新民主主义革命时期完成救国大业,在社会主义革命和建设时期完成兴国大业,在改革开放和社会主义现代化建设新时期推进富国大业,在中国特色社会主义新时代推进并将在21世纪中叶实现强国大业,中国共产主义青年团的奋斗贯穿其中,做出了不可磨灭的贡献。换言之,中国共产主义青年团的百年发展历程与成就深刻反映着党、国家、中华民族面貌的辉煌巨变。

百年中国青年,始终重任在肩。一百年的历程,最终证明,只有在马克思主义青年观以及中国化的马克思主义青年观引领下,才可以真正实现中国青年群体的觉醒与崛起,才能开辟中国共产主义青年团科学发展新道路。如此孕育下的中国青年,自然是天之骄子、使命践行者。1916年8月,李大钊先生鲜明倡导"青年不死,即中华不亡"①。毛泽东同志准确概括青年对革命的重要价值:没有带着新鲜血液与朝气加入革命队伍的青年们,"革命队伍就不能发展,革命就不能胜利"②。在新中国成立后,他更是深情寄语广大青年:"希望寄托在你们身上。"③邓小平指出:"青年一代的成长,正是我们事业必定兴旺发达的希望所在。"④江泽民指出:"我们的事业任重道远,希望寄托在青年人身上。"⑤胡锦涛指出:"青

---

① 李大钊:《〈晨钟〉之使命——青春中华之创造》,《李大钊全集》第一卷,北京:人民出版社,2006年,第167页。

② 中共中央文献研究室:《毛泽东年谱(1893—1949)》中卷,北京:中央文献出版社,2013年,第143页。

③ 中共中央文献研究室:《毛泽东年谱(1949—1976)》第三卷,北京:中央文献出版社,2013年,第248页。

④ 共青团中央,中共中央文献研究室:《毛泽东、邓小平、江泽民论青少年和青少年工作》,北京:中国青年出版社,2003年,第162页。

⑤ 《江泽民文选》第一卷,北京:人民出版社,2006年,第248页。

年是国家的未来,民族的希望。"①习近平总书记更是从国家和民族的战略高度出发,指出"青年一代有理想、有本领、有担当,国家就有前途,民族就有希望"②。

未来中国青年,面临诸多挑战。正如《中共中央关于党的百年奋斗重大成就和历史经验的决议》所强调的:"党和人民事业发展需要一代代中国共产党人接续奋斗,必须抓好后继有人这个根本大计。"③在新的时代环境下,未来中国青年,依然面临各种各样的挑战与诱惑。其一,社会"娱乐化"的挑战。一段时期内,流量明星、直播网红等大行其道,加深了传统职业从业者的相对剥夺感,不利于青少年群体正确价值观的塑造;其二,"未富先懒"的挑战。一定群体中,"颓废文化""低欲望"在部分青少年群体中流行,削弱了一些青少年的奋斗精神。其三,文化"资本化"的挑战。一定领域内,社会资本对新兴产业和新兴职业的操控,加深了青年群体的分化,抢占了大众的注意力,弱化了对青年群体价值观的引导效果。其四,价值观念分化的挑战。一定程度上,一些青年中的"政治冷漠""个人利益至上"现象,阻碍青年增强做中国人的志气、骨气、底气。以上问题值得中国共产主义青年团加以重视,这些挑战必须一一克服。

未来中国青年,如何破此迷局?习近平总书记早已给出了启

---

① 《胡锦涛文选》第一卷,北京:人民出版社,2016年,第327页。
② 中共中央党史和文献研究院:《十九大以来重要文献选编》上卷,中央文献出版社,2019年,第49页。
③ 本书编写组编著:《〈中共中央关于党的百年奋斗重大成就和历史经验的决议〉辅导读本》,北京:人民出版社,2021年,第82页。

示。2019 年 4 月 30 日,在纪念五四运动 100 周年大会上,习近平总书记特意引用明代大儒王守仁的名句"立志而圣则圣矣,立志而贤则贤矣",鼓励新时代的中国青年要树立远大理想,"让理想信念在创业奋斗中升华,让青春在创新创造中闪光!"①此论断出自王守仁《教条示龙场诸生》一文,大意是讲一个人如果立志以圣人为榜样,则会成为圣人一样的人;如果立志以贤士为榜样,则会成为贤士一样的人。志向与理想,往往体现着一个人的眼界和胸襟,自然也决定了他日后的高度与格局。所以王守仁强调"志不立,天下无可成之事",即使是各类工匠艺人,也都以立志为根本。人若无志,就如同无舵之船、无衔之马,四处飘荡奔逸,荒废终生,实现不了人生价值,更何谈成圣成贤。可见,王守仁所强调的"立志",首先注重树立为国济民之大志,又须确立锲而不舍之长志。志向确立,人便有了安身立命之本,但这还不够。"凡学之不勤,必其志之尚未笃也",志向需以"勤学"加以实现;"夫过者,自大贤所不免",志向借助"改过"得以规范;师友间"悉其忠爱,致其婉曲,使彼闻之而可从,绎之而可改",②志向通过"责善"常能省思。可见,立志为根本,勤学作津筏,改过是矩绳,责善乃警钟,如此则形成了实现宏大志向的辩证方法与系统流程,这套理念对于我们新时代的广大青年很有借鉴意义。

未来青年之志,关乎国家。中国的未来属于青年,中华民族的未来也属于青年。青年一代的理想信念、精神状态、综合素质,是一个国家发展活力的重要体现,也是一个国家核心竞争力的重要

① 习近平:《在纪念五四运动 100 周年大会上的讲话》,《人民日报》2019 年 5 月 1 日。
② 王守仁:《王文成公全书》,北京:中华书局,2015 年,第 1120 页。

因素。当今中国最鲜明的时代主题,就是踏上了实现第二个百年奋斗目标新的赶考之路、实现中华民族伟大复兴的中国梦。当代中国青年要树立与这个时代主题同心同向的理想信念,勇于担当这个时代赋予的历史责任。对新时代中国青年来说,热爱祖国是立身之本、成才之基。当代中国,爱国主义的本质就是坚持爱国和爱党、爱社会主义高度统一。只有把自己的小我融入祖国的大我、人民的大我之中,与时代同步伐、与人民共命运,才能更好实现人生价值、升华人生境界。

未来青年之才,事上磨炼。王守仁曾指出:"人须在事上磨炼,做功夫,乃有益。若只好静,遇事便乱,终无长进。"①青年人的志向与才能绝不是仅仅嘴上说,纸上写,而是要在实现中华民族伟大复兴的新征程中去锤炼和检验。这就要求广大青年具备担当精神,勇挑重担、勇克难关、勇斗风险,这样中国特色社会主义就能充满活力、充满后劲、充满希望。这就要求广大青年弘扬奋斗风范,要勇做走在时代前列的奋进者、开拓者、奉献者,毫不畏惧面对一切艰难险阻,在劈波斩浪中开拓前进,在披荆斩棘中开辟天地,在攻坚克难中创造业绩。这就要求广大青年练就过硬本领,努力学习掌握科学知识,提高内在素质,锤炼过硬本领,使自己的思维视野、思想观念、认识水平跟上越来越快的时代发展。这就要求广大青年涵养高尚品德,自觉树立和践行社会主义核心价值观,把正确的道德认知、自觉的道德养成、积极的道德实践紧密结合起来,不断修身立德,打牢道德根基,在人生道路上走得更正、走得更远。

---

① 吴光等编校:《王阳明全集》上册,上海:上海古籍出版社,2017 年,第 104 页。

　　未来青年之惑，需要关爱。青年人兴趣广、劲头足、热情高、学习快，对实现人生发展有着强烈渴望。与此同时，由于阅历不够、意志不强，见识不多，毅力不足等因素，他们往往会在遭遇挫折、面临挑战、进行抉择时出现彷徨困惑、迷茫急躁的情况，这就急需各级党委和政府、各级领导干部以及全社会加以关注、引导和帮助。正如习近平总书记指出的，我们要"做青年朋友的知心人、青年工作的热心人、青年群众的引路人"①，从而确保党的事业薪火相传，确保中华民族永续发展。

　　历史和现实都告诉我们，青年一代有理想、有担当，国家就有前途，民族就有希望，实现我们的发展目标就有源源不断的强大力量。广大新时代中国青年要立下宏志，事上磨炼，以执着的信念、优良的品德、丰富的知识、过硬的本领，勇做实现中华民族伟大复兴新征程上的"圣贤"！

## 六、近四十年来党史国史领域的历史虚无主义思潮与类型

　　历史虚无主义思潮，是一种以"重新评价"为名，否定中华文明和中国统一的多民族国家历史，歪曲近现代中国革命历史、党的历史和中华人民共和国历史，进而从根本上否定马克思主义指导地位和中国走向社会主义的历史必然性，否定中国共产党的领导的错误思潮。

―――――――――

① 习近平：《在纪念五四运动 100 周年大会上的讲话》，《人民日报》2019 年 5 月 1 日。

## （一）

现阶段,历史虚无主义主要通过史学著述、文学作品、影视文艺作品,借助新媒体技术等在中国社会广泛散布,有以下几个鲜明特点:

第一,在政治目的上,有着明确的政治诉求,即颠覆过去马克思主义指导下形成的基本历史定论,否定四项基本原则。改革开放以来相继出现了危害社会的各式各样的错误思潮,如"新自由主义"思潮、"民主社会主义"思潮、"儒化中国"思潮和"普世价值"思潮等,虽然其主张各异,表现形式不同,但却有共同的政治诉求,即反对四项基本原则这一立国之本,力图扭转现代化建设和改革开放的发展方向,把中国纳入西方资本主义体系中去。

第二,在认识论上,以唯心史观为圭臬,以"还原历史真相"为外衣,以支流否定主流,以现象否定本质。历史虚无主义是一种主观唯心主义史学,典型的以论代史、以论改史。历史虚无主义者以历史选择论为指导,以假设为前提,从自我的政治价值尺度出发,否定、反对阶级分析法,把历史过程归结于人性的表现,不全面深入了解历史的真实,不认真分析历史事件展开过程中的实际联系,根据政治目的及个人好恶,进行主观恶意臆断。

第三,在方法论上,从对具体历史事实的选择性虚无扩大到对马克思主义的整体虚无。历史虚无主义者判别历史的"虚"和"实",都是从社会意识决定社会存在、思想观念决定物质生产实践这个总纲出发,用历史唯心主义否定、对抗历史唯物主义,把各种并非有内在联系的、似是而非，甚至判若水火的材料生硬地拼凑在一起，欺骗舆论、欺骗群众。

第四，在立场上，站在党、政府和人民对立面，美化历史上的反动统治阶级及其代表人物。历史虚无主义者运用非此即彼的思维，随意否定他们想否定的历史、人物和理论，特别是全盘否定中国共产党领导下所创造的一切历史成绩，无限放大某一历史失误。此外，历史虚无主义者还常常对反动统治阶级以及代表人物加以美化，对他们的个人事迹和所参与的历史事件进行别有目的的粉饰和歪曲，以达到"重构历史"目的。

第五，在表现形式上，以"学术研究"的面目出现，在"重新评价""重写历史"等名目下，作翻案文章，设置"理论陷阱"。历史虚无主义常打着"学术自由""言论自由"的幌子，宣称借助新发现的"材料""日记""档案"等来"重构历史"，贩卖私货。还有一个显著的特征表现在抓住一点、不计其他，以点概面、以偏概全，根据自己政治诉求的需要和假设放大历史事实，以实现其虚无历史的既定目的。

第六，在传播途径上，充分利用报纸、杂志、网络、新媒体等多种传播介质。历史虚无主义者在传播其观点上"无所不用其极"，充分利用他们可以接触到的任何传播媒介尤其新媒体形式诱使人们误入歧途，"重新认识"某段历史、某个人物、某种理论和某个方法，影响和扰乱社会舆论。

第七，在国际背景上，与境外反动势力相策应，与国际政治斗争形势紧密联系在一起。历史虚无主义的出现是国际共产主义运动低潮时的必然现象，是对西方错误思潮的呼应。历史虚无主义的泛起有着深刻的国际背景，与近代以来"中国向何处去"这一历史主题有着密切关系,与国际政治斗争形势相起伏。

## (二)

2014 年 10 月 13 日,习近平总书记在中共中央政治局第十八次集体学习时明确讲道:"要治理好今天的中国,需要对我国历史和传统文化有深入了解,也需要对我国古代治国理政的探索和智慧进行积极总结……我们不是历史虚无主义者,也不是文化虚无主义者,不能数典忘祖、妄自菲薄。一个国家的治理体系和治理能力是与这个国家的历史传承和文化传统密切相关的。解决中国的问题只能在中国大地上探寻适合自己的道路和办法。"[1]

历史虚无主义的危害,是从根本上否定马克思主义指导地位和中国走向社会主义的历史必然性,否定中国共产党的领导。改革开放以来,历史虚无主义思潮在传播手段、思想内容等方面发生了显著变化,主要表现为:

一是传播内容碎片化。当下,历史虚无主义往往不敢通过长篇大论来系统宣传其观点,而是通过发布哗众取宠的所谓"解密"网文、"内幕"视频等,对历史断章取义,或对某个历史事件进行重新评价,或为某个反动历史人物翻案,或无中生有地伪造历史事件,或将局部、片段的历史进行夸大,将某些历史"问题"无限放大,割裂历史事件内部的有机联系,碎片化地推销他们的观点,具有巨大的欺骗性。比如《被枪决的状元,被遗忘的时代》一文借北大历

---

[1] 习近平:《牢记历史经验历史教训历史警示 为国家治理能力现代化提供有益借鉴》,《人民日报》2014 年 10 月 14 日。

史学者沈元的遭遇抹黑中国共产党失去人道主义,意图用以往的历史错误和失误抹杀今日的努力和成就,显然是历史虚无主义在攻击党的知识分子政策和夸大失误挫折上的典型表现。

二是传播方式网络化、多样化。随着互联网技术的发展,一些论坛、博客、微博、微信、客户端以及视频网站等,有意或无意地成为散布历史虚无主义思想观点的渠道。历史虚无主义采用病毒式的信息传播方式,在新媒体中发布虚假或错误的信息,这些信息经过历史虚无主义者似有似无地"添油加醋",便会如同病毒一般疯狂传播下去。如近年流传甚广的一篇题为《反腐困境与国民证伪动机》的公众号文章,借古代杜撰之书影射当今反腐的动机,污蔑当前的反腐是借"反腐"之名清除异己,抹杀党的反腐成就,否定党的反腐机制和制度建设、否定反腐的历史意义,攻击党的领导,是典型的历史虚无主义表现。

三是传播时机热点化。历史虚无主义善于利用各种重大历史性的纪念活动来否定历史结论,抓住特定的时间节点散布其观点,趁机扩大自己的影响。近年来,历史虚无主义借助于一些特定的时间节点,集中讨论相关事件、人物,制造声势,但多为"冷饭热炒""新瓶装旧酒",最惯用的伎俩就是"改头换面",即变换时间、地点、人物等细节,继而宣称是"新发现""新史料"。比如在二孩政策推行后,有题为《我死后哪管洪水滔天》的文章否定计划生育政策在一定历史时期的进步意义,宣扬利己主义、存在主义等观点,表面上是批评党的计划生育政策并否定该政策对于缓解人口老龄化带来的社会负担加重问题的意义,实则是借题发挥,攻击党的政策。

四是传播主体的隐匿化。由于互联网具有隐匿身份的特点,大量不负责任的言论争相涌入，历史虚无主义者借此时机发布真伪交错的言论，扰乱视听，干扰人们正确的认识；即使被人举报，由于网络传播的复杂性和快速性，后期也很难进行调查取证，因而历史虚无主义者更加肆无忌惮。如网上流传污蔑"共产党规模种植鸦片、张思德死于烧鸦片"的"证言"，几乎都没有确切的时间、地点、人物等信息，也几乎没有可予以佐证的其他客观证据。

五是伪装手法学术化。历史虚无主义传播的过程越来越通过"学术研究"进行伪装，由直接、对抗性的尖锐话语向"学术化"的话语转变，采用西方话术体系来包装，凸显所谓的"学术规范"，背后传达的却是历史虚无主义的观点，欺骗性更强，对公众尤其是青少年迷惑性更大，对其进行防范的难度也进而加大。如1988年9月，某学者受邀在香港中文大学建校二十五周年纪念讲座上发表主题为《中国近代思想史上的激进与保守》的演讲。此次演讲，通篇认为中国近代思想发展的趋势，就是不断激进化，否定传统，一味西化，五四新文化运动是这样，"文化大革命"也是这样。该观点以学术研究的方式，意在否定中国特色社会主义的历史必然性和中国共产党执政的历史依据，属于典型的历史虚无主义案例。

六是表现形式日常化、娱乐化。历史虚无主义者近来多采用大量贴近生活的案例，拉近与大众的距离，通过"恶搞"、评论等形式传播其错误价值观，在潜移默化中渲染舆论氛围，消解群众共同价值认知；通过迎合大众猎奇心理的"戏说历史""独家秘史"等娱乐化方式，运用"爆炸性"、娱乐化的标题来吸引眼球，采取迂回隐蔽的策略兜售其观点；利用广大民众对新闻的好奇心理和轻量化、快速化、娱乐化的阅读需求，将观点用更加直观的图片、声音、视频等形式表现出来，看似言论自由，实则意图险恶。如前几年传播较广的微电影《雷锋侠》，以丑化和贬损英雄人物为乐，拿英雄人物随意"开涮"、戏谑，在酷6、百度、土豆等各大视频网站的点击量突破百万，迅速蹿红，该片甚至被网友称为"2011最强大的短片"。这种歪风的传播突破了历史学科的限制，传播了错误价值观，在潜移默化中渲染舆论氛围，从而消解群众共同价值认知，具有很大的迷惑性、隐蔽性。

七是受众对象低龄化。青少年正处于世界观、人生观、价值观形成时期，缺乏辨别是非和真伪能力，历史虚无主义具有的所谓"新颖性"和"否定性"特点容易适应青少年的标新立异和叛逆特点，致使历史虚无主义对青少年的毒害很大。此外，广大青少年对网络的依赖性较强，容易成为历史虚无主义思潮传播和"感染"的主要对象。如2014年网上发布的《暴走大事件》第三季第15集，以"恶搞"来标新立异，通过一些低俗的现代词语"戏说"历史，以看似荒诞不经的形式诋毁英雄，抹黑董存瑞、叶挺等英雄人物，本质就是"去英雄化"，混淆了青年人对革命史、英雄人物的认知。

八是分布地域国际化。历史虚无主义本来就不是孤立存在于国内的，背后往往有不同的境外势力牵涉其中。近些年，随着中国的发展，西方敌对势力加紧了西化、分化中国的步伐，与境内一些势力勾结在一起，利用历史虚无主义这个和平演变的工具进行有目的的宣传，在客观上推动了这股思潮分布地域的国际化。比如日本众议院预算委员会委员长、原防卫厅长官野吕田芳成称东南亚国家的独立是日本发动战争的结果。将原有的历史文明发展进程进行了极端化的分析，侵略被解析成对人类本质和人类发展与融合的推进。他们对帝国主义侵略中国的行为进行称赞,相反却对反抗侵略的革命暴力加以批评指责。这是典型的历史虚无主义的表现,在有关抗日战争和世界反法西斯战争、帝国主义侵华战争史的研究和宣传中要高度警惕。

综上可见,面临愈发复杂而多元的意识形态局势,面对更加纷繁且隐晦的历史虚无主义思潮,党员干部须学会辩证分析,提高驾驭复杂局面、处理复杂问题的本领;学会历史思维,用历史的大视野审视过去、立足当下、展望未来;学会化繁为简,锻造拨云见日、透过现象看本质的本领;学会因势而谋,要善于及时辟谣、有效止损,快速处置、正确发声;学会针锋相对,做到关键时刻不失语、重大问题不缺位;学会积累沉淀,要时常加强理论武装,从马克思主义理论中汲取营养,在不断积累沉淀中提高斗争本领;学会方向把控,坚持党的领导,把握正确政治方向,理想信念不能有丝毫动摇和质疑;学会引导舆论,要因势而谋、应势而动、顺势而为,把准时、度、效。如此,方能风吹浪打而屹立不倒,霜雪交加仍不曾凋谢。

# 第二章　历史自觉

　　历史自觉,是对待历史、把握历史、评价历史、推动历史的态度和方法的理论和实践体系,既包含对历史运行规律的深刻领悟,更包含对社会发展前景的主动营造,是对历史经验的主动学习与借鉴、对历史发展规律的深刻把握以及对营造历史发展前景责任的自觉担当。中国共产党是具有高度历史自觉的马克思主义政党,在其百年的发展历程中,始终坚持在科学历史观的指导下正确认识历史、全面总结历史、客观评价历史、主动引领历史,形成并不断增强历史自觉,从而在近现代中国纷繁复杂的历史进程中明确了初心使命、把握了历史规律、汲取了不竭动力、应对了历史挑战,从而引领了历史发展、铸就了百年辉煌。因此,站在"第二个一百年"新征程的重要历史时刻,深刻把握中国共产党形成和坚定历史自觉的理论逻辑、实践逻辑和方法逻辑,对于探究中国共产党推动历史发展的"制胜密码",深刻理解"中国共产党为什么能",都具有十分重要的意义。

## 一、赓续精神谱系,走好"精神长征"

在 2021 年 2 月 20 日召开的党史学习教育动员大会上,习近平总书记着意指出:"在一百年的非凡奋斗历程中,一代又一代中国共产党人顽强拼搏、不懈奋斗,涌现了一大批视死如归的革命烈士、一大批顽强奋斗的英雄人物、一大批忘我奉献的先进模范,形成了井冈山精神、长征精神、遵义会议精神、延安精神、西柏坡精神、红岩精神、抗美援朝精神、'两弹一星'精神、特区精神、抗洪精神、抗震救灾精神、抗疫精神等伟大精神,构筑起了中国共产党人的精神谱系。"抚今追昔,正是这些可贵的精神汇聚为理想信念的坚韧链条,源流相续,一脉承继,"跨越时空、历久弥新,集中体现了党的坚定信念、根本宗旨、优良作风,凝聚着中国共产党人艰苦奋斗、牺牲奉献、开拓进取的伟大品格,深深融入我们党、国家、民族、人民的血脉之中,为我们立党兴党强党提供了丰厚滋养"。① 因此,时值建党百年之际,更有必要对中国共产党人精神谱系之形成历程与鲜明特质做一梳理与探讨。

**"人是要有一点精神的,无产阶级的革命精神<br>就是由这里头出来的"**

毫无疑问,中国共产党人精神谱系的形成,是一个长期的构建

---

① 习近平:《在党史学习教育动员大会上的讲话》,《求是》2021 年第 7 期。

过程。究其源头,毛泽东同志作为党的第一代中央领导集体的核心,其开创之功无可替代。

毛泽东同志有一句名言:"人是要有一点精神的,无产阶级的革命精神就是由这里头出来的。"①他始终把一个政党、一个阶级的精神,同其中每个成员的精神品格紧密相连,进行深沉的思考和强调。换言之,只有铸造好每位共产党员的个体精神世界,才可能形成整个党的伟大精神及其外化的优良作风和传统。这是我们党在自身建设上的突出优势。因之铸造党的精神,是毛泽东党建思想的核心内容。

具体而言,毛泽东同志从三个方面形塑了中国共产党人的精神谱系。第一,毛泽东以其优秀品格和精神风范,影响和带动了党内良好作风的形成。比如,他在任何困难面前绝不低头,不怕鬼、不信邪,敢于斗争、敢于胜利,他总是从人民群众利益角度考虑问题,他善于向群众学习、向实践学习,反复倡导"迈开你的两脚,到你的工作范围的各部分各地方去走走,学个孔夫子的'每事问'"②的领导方法,等等。第二,他以其丰富正确的实践活动和重大决策,引领和强化了中国共产党人的精神谱系。比如,他开拓了马克思主义中国化的道路,每一次重大决策,都立足于当时形势的转变和现实斗争的需求,注重了解国情,提倡实事求是,善于调查研究。革命即将迎来胜利之际,他依然头脑清醒,及时提出"务必使同志们继续地保持谦虚、谨慎、不骄、不躁的作风,务必使同志们

---

① 《毛泽东文集》第七卷,北京:人民出版社,1999年,第162页。
② 毛泽东:《反对本本主义》,《毛泽东选集》第一卷,北京:人民出版社,1991年,第110页。

继续地保持艰苦奋斗的作风"①的重要思想来提醒全党切勿骄傲懈怠，新中国成立后，他反复强调要树立自力更生、艰苦奋斗、勤俭建国的作风等等。第三，毛泽东以其科学的思想理论培育和塑造了中国共产党的精神谱系。毛泽东思想是中国共产党人精神谱系的理论支撑，从《星星之火，可以燎原》《反对本本主义》到《实践论》《矛盾论》《论持久战》，再到《纪念白求恩》《新民主主义论》《为人民服务》《愚公移山》等，一部部党内名篇名著见证了中国共产党人精神谱系形成的光辉历程。

筚路蓝缕，其始也简，积薪而上，蔚为大观。继毛泽东同志之遗志，几代领导集体不断构建与完善中国共产党人的精神谱系。如邓小平同志在 20 世纪 80 年代初呼吁，"在长期革命战争中，我们在正确的政治方向指导下，从分析实际情况出发，发扬革命和拼命精神，严守纪律和自我牺牲精神，大公无私和先人后己精神，压倒一切敌人、压倒一切困难的精神，坚持革命乐观主义、排除万难去争取胜利的精神，取得了伟大的胜利。搞社会主义建设，实现四个现代化，同样要在党中央的正确领导下，大大发扬这些精神。如果一个共产党员没有这些精神，就决不能算是一个合格的共产党员"②。江泽民同志在 1996 年曾强调，"回顾我们党几十年的历史，可以看到，革命的理想和精神，对推动中国革命和建设的发展有多么大的作用……七十多年来，我们党领导全国人民进行革命、建设和改革的整个过程，实质上就是不断认识世界、改造世界的过程，

---

① 毛泽东：《在中国共产党第七届中央委员会第二次全体会议上的报告》，《毛泽东选集》第四卷，北京：人民出版社，1991 年，第 1438—1439 页。
② 《邓小平文选》第二卷，北京：人民出版社，1994 年，第 367—368 页。

就是不断改造客观物质世界也不断改造主观精神世界的过程"①。
胡锦涛同志在 2006 年时主张,"要注重学习和弘扬革命先辈对崇
高理想矢志不渝、对党和人民无比忠诚、对革命事业锲而不舍的坚
定信念,牢固树立中国特色社会主义共同信念和共产主义远大理
想,做到任何时候任何情况下都坚持理想信念不动摇、革命意志不
涣散、奋斗精神不懈怠,满怀信心地投身建设中国特色社会主义伟
大事业。要把学习中国革命史与弘扬民族精神和时代精神紧密结
合起来"②。正是在秉承前几代领导集体优良作风的基础上,习近
平总书记在十八大以来,极其重视对中国精神的弘扬,极为关注对
中国共产党人精神谱系的赓续,因此他反复强调"理想信念是共产
党人精神上的'钙',强调'革命理想高于天',就是精神变物质、物
质变精神的辩证法",③"回顾奋斗历程,党带领人民创造了无数奇
迹,积淀了宝贵精神财富。让信仰之火熊熊不息,让红色基因融入
血脉,让红色精神激发力量,我们才能不忘初心,走好新时代的长
征路"④。

　　由此可见,中国共产党百年来精神谱系的形塑过程,犹如一场
前赴后继、锲而不舍的"精神长征",可歌可泣,伟哉壮哉!

---

① 江泽民:《努力开创社会主义精神文明建设的新局面》(1996 年 10 月 10 日),《江
　泽民文选》第一卷,北京:人民出版社,2006 年,第 576 页。
② 胡锦涛:《坚持发扬艰苦奋斗的优良作风,努力实现全面建设小康社会的宏伟目
　标》,《十六大以来重要文献选编》上册,北京:中央文献出版社,2005 年,第 519—
　520 页。
③ 习近平:《坚持运用辩证唯物主义世界观方法论 提高解决我国改革发展基本问题
　本领》,新华社北京 2015 年 1 月 24 日电。
④ 《习近平、李克强、王沪宁、赵乐际、韩正分别参加全国人大会议一些代表团审议》,
　《人民日报》2018 年 3 月 9 日。

## "历经百年而风华正茂、饱经磨难而生生不息，就是凭着那么一股革命加拼命的强大精神"

于革命锤炼，经实践检验，中国共产党人的精神谱系堪称攻无不克、战无不胜；越百年变幻，历无数风雨，中国共产党人的精神谱系可谓厚积薄发、底蕴十足。大致而言，它涵括如下三方面特质。

第一，作为中国共产党人精神谱系的基本内核，理想信念如山，壁立千仞，屹立不倒。理想信念是中国共产党人的精神之"钙"，是党的精神谱系之"魂"。从形成过程来看，理想信念贯穿于精神谱系演进的各个历史坐标；从表现内容来看，理想信念在精神谱系形成、发展和延伸的不同阶段展现了中国共产党人坚定马克思主义信仰的实践历程。中国共产党作为马克思主义政党的革命建设实践首先立足于马克思主义信仰指引下的方向和目标。马克思主义和共产主义的坚定信念是中国共产党从弱到强、战胜困难的强大战斗力的力量之源。坚定执着的远大理想和革命信念是中国共产党人的政治灵魂，也是中国共产党能够历经挫折而不断奋起、历尽苦难而淬火成钢的精神内核。放眼未来，理想信念更是支撑中国共产党实现中华民族伟大复兴的最深层的内在力量源泉。

第二，作为中国共产党人精神谱系的鲜明特性，历史积淀若水，川流不息，奔腾浩荡。中国共产党走过了整整百载，其在不同历史阶段积累的精神财富极其丰厚。新民主主义革命时期，中国共产党把马克思主义与中国革命运动相结合，形成了以井冈山精神、苏区精神、长征精神、抗战精神、延安精神、红岩精神和西柏坡精神等为标志,以民族独立和人民解放为核心的伟大民族革命精神,这些革命精神使我们党和人民军队展现出视死如归、舍我其谁的革命豪情。社会主义建设时期,中国共产党形成了以抗美援朝精神、红旗渠精神、大庆精神、"两弹一星"精神、雷锋精神等为标志,以社会主义发展建设为核心的革命精神。这些革命精神使我们党和全国人民在各种困难面前展现出乐观豪迈、战天斗地的建设激情。改革开放和社会主义现代化建设新时期与中国特色社会主义新时代,中国共产党团结带领中国人民进行改革开放这一新的伟大社会革命,极大激发广大人民群众的积极性创造性,极大地增强了社会发展的活力,形成了以改革开放精神、特区精神、抗震救灾精神、载人航天精神、脱贫攻坚精神、抗疫精神等为重要标志,以兴国强国为核心的伟大革命精神。

第三,作为中国共产党人精神谱系的实践属性,创新进取似火,所经之处,即可燎原。中国共产党人把真理的力量、理想的力量转化为人格的力量,是通过具体每位个体党员的创新实践、进取探索来实现,这就使得党的精神谱系中每一种精神,都以立体的方式呈现出来。从理念内容上讲,每种精神都有丰富的内涵和呈现方式。比如,长征精神就包含了理想信念、不怕牺牲、实事求是,纪律团结和依靠群众这五个方面的内容。从理念和实践的关系角度讲,每种精神的内涵虽是经过反复提炼而成,其中每个概念的凝聚,恰恰是通过大量看得见、摸得着、感受得到的具体人物事件或重大决策过程概括出来的。如果光喊理念口号,而不能落到实处见人见事,那样的精神是感染和影响不了人的,亦绝非真正的理论创新。说到底,没有生动实践,没有锐意创新,就谈不上伟大精神,更何谈精神谱系的构筑。习近平总书记提出，"一种价值观要真正发挥作用，必须融入社会生活，让人们在实践中感知它、领悟它。要注意把我们所提倡的与人们日常生活紧密联系起来，在落细、落小、落实上下功夫"①。生动具体的党的精神谱系，无一不是落小落细的历史存在，久经众人创新与践行，因而才可能点燃为后人长久感知和领悟的精神火炬。

"我们党之所以历经百年而风华正茂、饱经磨难而生生不息，就是凭着那么一股革命加拼命的强大精神。"②总而言之，中国共产党在百年"精神长征"中所形塑的精神谱系有魂、有力、有情，让我们党永葆活力。

中国共产党人的精神谱系之所以跨越时空、历久弥新，其关键因素就在于具有稳如山的理想信念、行若水的鲜明特性和旺似火的实践属性。我们要以高度的理论自觉和实践能力去认识、传承和发扬百年来的伟大革命精神，努力将党的伟大革命精神转化扩展为中华民族的新精神，实现对精神谱系继承中的创新、拓展中的升华，走好新时代的"精神长征"，"要教育引导全党大力发扬红色传统、传承红色基因，赓续共产党人精神血脉，始终保持革命者的大无畏奋斗精神，鼓起迈进新征程、奋进新时代的精气神"③，最终汇聚成为实现中华民族伟大复兴的精神纽带和不竭动力。

---

① 中共中央文献研究室编：《习近平关于社会主义文化建设论述摘编》，北京：中央文献出版社，2017年，第110页。
② 习近平：《在党史学习教育动员大会上的讲话》，《求是》2021年第7期。
③ 习近平：《在党史学习教育动员大会上的讲话》，《求是》2021年第7期。

## 二、源起、源头与源泉：深入理解"伟大建党精神"的内涵

2021 年 7 月 1 日，习近平总书记在庆祝中国共产党成立 100 周年大会上的讲话中明确指出："一百年前，中国共产党的先驱们创建了中国共产党，形成了坚持真理、坚守理想，践行初心、担当使命，不怕牺牲、英勇斗争，对党忠诚、不负人民的伟大建党精神，这是中国共产党的精神之源。"并着意强调"一百年来，中国共产党弘扬伟大建党精神，在长期奋斗中构建起中国共产党人的精神谱系，锤炼出鲜明的政治品格。"[①]于中国共产党百年华诞之际，正式提出"伟大建党精神"，意义非凡，堪称党的理论创新又一重要成果。

这一论断提出后不足一月内，思想理论界有关讨论迅速形成热潮，成果频出。撷诸家之真知灼见，很大一部分集中在梳理"伟大建党精神"的形成脉络、内在结构、逻辑关联和实现路径等方面，应该说已是条分缕析、非常深入。依笔者浅见，对于"伟大建党精神"的研讨，接下来当更加紧扣"精神之源"这一关键判断，以大历史观为视角，似可从愈发宏大开阔的历史、理论和实践维度剖析该精神的生成机理、体系特质与内在构成。

---

[①] 习近平：《在庆祝中国共产党成立 100 周年大会上的讲话》，《人民日报》2021 年 7 月 2 日。

## 精神源起:"伟大建党精神"形成的历史境遇

著名党史专家金冲及先生曾在与发动辛亥革命的同盟会的比较中,揭示出中国共产党所具备的以往中国历史上任何政党不曾有过的三大全新特点:"第一,它旗帜鲜明地用科学理论——马克思主义观察和分析中国的问题";"第二,党一成立就到社会底层去,到基层群众中去,特别是工人、农民中去。这是共产党的根本,是中国以往任何政党没有做过的";"第三,把党建成一个有共同理想和严格纪律的先进分子组成的坚强有力的革命政党,使它成为领导革命事业的核心力量。"[1]可以说,正是因为这三大特点深深内聚在中国共产党之中,才能形成惊天动地、历久弥新的"伟大建党精神"。

而这一精神破土萌芽的诱因,便是与自15世纪末以来伴随大航海时代所引发的中西"大分流"、20世纪上半叶欧战前后对现代性潮流的反省息息相关。

众所周知,航海技术的进步改变了人类对世界的认知,因之在与契约精神、产权意识、技术跃迁、海外殖民、国际贸易等重重因素的"化合效应"中,以英国为首的西方世界实现了第一次工业革命。而当时的中国随着清朝统治者政治上奉行专制高压,文化上大兴文字狱,对外关系上采取闭关锁国,中华文明逐渐失去了往日活力。中西之间的"大分流"也自此拉开。

---

[1] 金冲及:《与中国历史上任何政党相比——中国共产党有三个全新特点》,《北京日报》2021年1月11日。

与此同时,英法诸国实力与日俱增,开始不断对外扩张。终于在1840年,西方与中国再度相遇,此次的剧情变得不再是温情脉脉,而是剑拔弩张。之后不仅是西力东侵、资本东移,西学也伴随坚船利炮如潮水般涌入华夏大地。彼时中国深陷于晚清官员李鸿章口中所形容的"数千年未有之变局"里,换言之,中国已处在文明转型的"历史三峡"之中。危难当前,破局之道,只有励精图治,实现向民族国家迈进的艰难转型,探索一种适合中国的现代化之路。此期间"国家蒙辱、人民蒙难、文明蒙尘,中华民族遭受了前所未有的劫难。从那时起,实现中华民族伟大复兴,就成为中国人民和中华民族最伟大的梦想"。走向复兴的道路从来都不平坦。"太平天国运动、戊戌变法、义和团运动、辛亥革命接连而起,各种救国方案轮番出台,但都以失败而告终。中国迫切需要新的思想引领救亡运动,迫切需要新的组织凝聚革命力量。"①

时光流转至1918年,第一次世界大战的惨绝人寰引发了国人的强烈思考。梁启超赴法参加巴黎和会,沿途目睹饱受战火蹂躏后的欧洲大陆,不禁喟叹"欧洲人做了一场科学万能的大梦。到如今却叫起科学破产来"②。曾几何时,欧洲所代表的,是国人刻意追求的"现代性"文明。然而"一战"爆发所造成的景象,正如英国史学家霍布斯鲍姆所形容的,"19世纪崇高伟大的文明大厦,也从此

---

① 习近平:《在庆祝中国共产党成立100周年大会上的讲话》,《人民日报》2021年7月2日。

② 梁启超:《欧游心影录节录》,《饮冰室专集之二十三》,《饮冰室合集》第七册,北京:中华书局,1989年,第12页。

在战火中灰飞烟灭"①。这令中国人不得不重新审视中西文化,重新思考中国未来的指导理论问题。

以梁启超、梁漱溟为代表的学者,通过反思现代性,主张对于中西文化问题"正是要下解决的时候,非有此种解决,中国民族不会打出一条活路来"②,采取中西调和的方式以期复兴中华文明,片面强调了文化的承继性却忽略了文化的时代性。以胡适、丁文江为代表的学者,则执着于对现代性之追求,指出所谓"欧洲科学破产论",其实不过"谣言"而已,他们这种近乎偏见般对反省的拒绝,实际上弱化了个人的思想张力。以陈独秀、李大钊为首的部分新文化旗手,他们首先深刻反思现代性,在透彻反思欧洲的基础之上,俄国十月革命的爆发,他们终皈依马克思主义。从此,马克思主义成为中国革命、建设、改革事业的指导思想,中国共产党担负起领导人民实现民族独立、国家富强的历史重任。

在文明深思中由反省现代性到服膺马克思主义,中共早期领导人的思想内在演进脉络,彰显出他们高度的文化自觉与文化自醒。这实际上也为"伟大建党精神"的孕育打下了宏阔的历史语境和广大的文明视野。这种精神不是凭空而来的,是在漫长的数百年的世界历史与文明演进过程里,在马克思主义基本原理同中国的具体实际、中华文化的深相结合中生长出来的。

---

① [英]艾瑞克·霍布斯鲍姆:《极端的年代:1914—1991》,郑明萱译,北京:中信出版社,2014 年,第 26 页。
② 梁漱溟:《东西文化及其哲学》,商务印书馆 1987 年,第 6—7 页。

## 精神源头:"伟大建党精神"的体系特质

习近平总书记在 2021 年 2 月 20 日党史学习教育动员大会上指出,"在一百年的非凡奋斗历程中,一代又一代中国共产党人顽强拼搏、不懈奋斗,涌现了一大批视死如归的革命烈士、一大批顽强奋斗的英雄人物、一大批忘我奉献的先进模范,形成了一系列伟大精神,构筑起了中国共产党人的精神谱系,为我们立党兴党强党提供了丰厚滋养"[1]。精神谱系的构筑可谓来之不易,这个"不易"的获取受惠于源头活水的不断沁润。

那么"伟大建党精神"与"中国共产党人的精神谱系"是何种关系,这个问题值得研究也必须说清。显而易见,二者绝非简单的谁从属于谁、谁包含着谁的关系,恐怕在逻辑层面、先后次序上皆有不同。不过,二者又绝非毫无关系。"坚持真理、坚守理想"在井冈山精神、遵义会议精神、特区精神的形成中,激励着中国共产党人解放思想、实事求是,敢于闯出一条新路;"践行初心、担当使命"在延安精神、西柏坡精神、"两弹一星"精神中得到生动诠释,充分展现了中国共产党人的历史担当和奋斗精神;"不怕牺牲、英勇斗争"构成了长征精神、抗美援朝精神的核心要义,鼓舞着党和人民排除万难去争取胜利;"对党忠诚、不负人民"辉映着抗洪精神、抗震救灾精神、抗疫精神、脱贫攻坚精神,把以人为本、人民至上等崇高理念刻印在大地深处。种种差异与交叉,亟需详尽解析。

---

[1] 习近平:《在党史学习教育动员大会上的讲话》,《求是》2021 年第 7 期。

　　首先,习近平总书记将"伟大建党精神"定位成"精神之源",是针对中国共产党而言,是我们党百年奋斗历程所形塑的精神密码的高度概括。换言之,没有百年的探索,我们不足以充分提炼这一精神,没有百年的时间,我们不足以全面把握这一精神。因此,"伟大建党精神"的三十二个字,是对中国共产党百年里"精神长征"的抽象化提炼,而"中国共产党人的精神谱系"则是具体化的表述,彼此间的逻辑层面存在差异。伟大建党精神的对象是百年党史,它是回顾历史、立足当下、展望未来的精神总结;中国共产党人的精神谱系,其对象是中国共产党人在不同历史时期所形成的具体精神集合,这些精神共同构成了中国共产党人的精神谱系。再申言之,一是伟大建党精神贯穿中国共产党百年奋斗历史进程,充分体现了中国共产党历史发展的主题和主线,被中国共产党人在各个历史时期不断弘扬,是指导百年伟大实践的基础性精神动力,是中国共产党的精神之源;二是中国共产党人的精神谱系是"在长期奋斗中构建起"的,是经过不同历史时期的积累、由众多既同且异的具体精神所组成的精神集合体。伟大建党精神是基础性、本源性、延续性的精神标识,而中国共产党人的精神谱系则是基于具体精神之上的抽象集合体,二者并不在一个逻辑层面上。

　　其次,既然逻辑层面有高低之别,那么自然二者先后次序亦不同。毫无疑问,伟大建党精神是超越任何一种党的具体精神的总体性概括,犹如是大树之根,江河之源,即这种抽象化的总体性精神是一条始终不变的根基性线索贯穿于中国共产党各个历史时期的伟大实践中,并针对不同实践主题衍生出不同的具体精神样态。因此,对于中国共产党的百年精神长征而言,伟大建党精神是作为一种"精神源头"而存在,其他精神是在与不同的历史实践相结合中由同一源头喷涌而出,最终形成各种样态的精神理念,汇聚成精神谱系。

## 精神源泉:"伟大建党精神"的内在构成

之所以将"伟大建党精神"定位在"精神之源"这个至高位置,还有一个极重要的因素:它是跨越时空甚或超越时空的,不拘泥于某一年代或一时间段。因此,必须在更宏阔的时空维度中理解其内在构成。

综观近来的研究成果,不免存在将"伟大建党精神"狭隘化的倾向。如有的文章径直将伟大建党精神等同于中国共产党创建时期所形成的精神,即伟大建党精神是针对中国共产党创建这一具体历史性事件进行的精神层面的总结,甚至用"红船精神"比附伟大建党精神。这显然无法整体深入把握伟大建党精神的精神格局与理论气象。

显而易见,从正式表述上看,中国共产党自创建始,逐步"形成了坚持真理、坚守理想,践行初心、担当使命,不怕牺牲、英勇斗争,对党忠诚、不负人民的伟大建党精神"[1]。我们应当以动态化的思维、整体性的意识看待这一精神的形成过程,1921 年是其形成的起点,但并非终点。不妨将其与"红船精神"比较,"红船精神"的内涵主要包括开天辟地、敢为人先的首创精神,坚定理想、百折不挠的

---

[1] 习近平:《在庆祝中国共产党成立 100 周年大会上的讲话》,《人民日报》2021 年 7 月 2 日。

奋斗精神,立党为公、忠诚为民的奉献精神。仔细考察,不难看出"红船精神"所指向的首创、奋斗与奉献精神,实际被涵盖在"伟大建党精神"之中,但"红船精神"显然不足以代表伟大建党精神。客观而言,中国共产党的创立,属于伟大建党精神的关键历史开端,并不意味着已完成。

因此,我们应当从更为宏阔的时空维度审视伟大建党精神。中国共产党之所以在百年华诞时提出伟大建党精神,即在于没有百年的历史检验、没有百年的耐心积淀、没有百年的各方比较、没有百年的持续升华,就不可能真正总结凝聚成这一伟大精神力量。精神源泉一直涌动喷薄,其后精神谱系的大江大河既流淌着这一精神的纯正活水,又在百年中一同汇入这一精神的广博大海里。伟大建党精神有着任何一种党的精神所不可替代的本源性、普遍性、延续性和整体性,既是众水之源泉,又是同趋之归宿。

总之,立足于当前的研究成果,放眼未来,若想更加深入理解伟大建党精神的内涵,势必要求我们将考察视角、思路置于更为宏阔高远深邃的层面之上,去把握作为"精神之源"的伟大建党精神,它既是百年精神长征的源起,也是宝贵精神谱系的源头,更是不竭精神动力的源泉。厘清伟大建党精神中生成机理、体系特质与内在构成的诸对关系,我们距离更深入认识其思想实质,就向前又进了一步。

## 三、学史增信,发掘共产党人的精神密码

习近平总书记在 2021 年党史学习教育动员大会上强调,全党

同志要做到学史明理、学史增信、学史崇德、学史力行。于此四大目标中，学史增信处于承上启下的关键位置，明真理才能生真信，心有所信，方能行远，方可崇大德、践真行。因而明晰学史增信的历史背景、内在层次与实践指向，深入发掘中国共产党的精神密码，对于提升党史学习教育成效，鼓足迈进新征程奋进新时代的精气神具有重要意义。

"信"从何来？它孕育于绵延的历史之中，须在抚今追昔中走向未来。

"中华上下五千年"，我们的文明可谓悠久，虽然屡经内在嬗变、外来冲击，俱能凤凰涅槃、再造重生，终成为人类历史上硕果仅存的一种原生性文明；我们的文明可谓深厚，在不同历史阶段的积淀与塑造下，传统文化渊源有自、丰富多元；我们的文明可谓开放，在平等交往中，中华文明走向了世界，成为人类文明的一部分。也正是在数千载岁月无声的潜移默化下，中华文明既坚守本根又与时俱进，培育了共同的文化信仰、恒久的国家信念与深厚的民族信心。

"雄关漫道真如铁"，从南湖红船始，中国共产党由弱到强，走过了波澜壮阔、极其伟大的百年风雨历程。回溯这一段中华民族走向独立富强之路，有无数的革命先辈为之前赴后继、上下求索，他们所遭受的苦难之重、面临的风险之高、经历的波折之多、付出的牺牲之大，都是世所罕见。可以说，新中国的建立，是无数中华儿女用信仰、信念、鲜血、生命换来的。他们舍生取义，今虽长眠于黄土之下，但精神长存，激励着后人满怀信心。

"人间正道是沧桑"，1949 年以来，我们总结历史经验，不断艰辛探索,终于找到了实现中华民族伟大复兴的正确道路,取得了举世瞩目的成就,这离不开一代代共产党人的无悔奉献。钱学森饱受美国联邦调查局骚扰,历尽艰辛,矢志不渝;焦裕禄亲民爱民、艰苦奋斗,临终时仍要求死后"把我运回兰考,埋在沙堆上"①。可以说,他们是共产党人信仰的典范,是中国精神的脊梁。

"长风破浪会有时",经过一百年的披荆斩棘、持续奋斗,中华民族在中国共产党的带领下,比历史上任何时期都更接近中华民族伟大复兴的目标,比历史上任何时期都更有信心、有能力实现这个目标。更需要我们秉承崇高的信仰、笃定的信念、坚实的信心,共同为实现中华民族伟大复兴的中国梦而不懈奋斗。

"信"在何处?它蕴含信仰、信念与信心之中,须明其结构而知其功用。

首先,筑牢信仰之基。"思想就是力量。一个民族要走在时代前列,就一刻不能没有理论思维,一刻不能没有思想指引。"②马克思主义是我们立党兴党强党、立国兴国强国的思想理论根脉。中国共产党奋进的百年历史,就是一部自觉追寻马克思主义信仰的辉煌历史。实践证明,马克思主义是我们认识世界、把握规律、追求真理、改造世界的强大思想武器,是我们党和国家必须始终遵循的指导思想。学史增信,就必须深刻领会马克思主义如何深刻改变中国、改变世界,坚定信仰自觉,在崇高信仰引领下坚定前行方向。

其次,高擎信念大纛。理想信念是共产党人精神上的"钙",信

---

① 穆青、冯健、周原:《县委书记的榜样——焦裕禄》,《人民日报》1966 年 2 月 7 日。
② 习近平:《在党史学习教育动员大会上的讲话》,《求是》2021 年第 7 期。

念笃定更是党在百年历史中淬炼出的鲜明政治品格。百年党史是一部展现中国共产党坚定理想信念、弘扬爱国主义精神的生动教材。学史增信，就要求广大党员从思想深处正本清源、固本培元，增强自身的"免疫力"和"抵抗力"。正如习近平总书记所讲：这些宝贵精神财富"凝聚着中国共产党人艰苦奋斗、牺牲奉献、开拓进取的伟大品格，深深融入我们党、国家、民族、人民的血脉之中"①，唯有精神旗帜不倒，理想信念方可永存。

再次，厚植信心之源。道路自信是根本，决定命运、关乎前途。它是解决中国走什么路的问题。理论自信是引领，是行动指南。它是解决以什么样的理论来武装全党、教育人民的问题。制度自信是保障，是体制依托。它是解决用什么样的制度坚持和发展中国特色社会主义的问题。文化自信是底蕴，是理解和坚持"中国特色"的根据。申言之，道路、理论、制度与文化自信的形成，本身就是中国文明长期积淀的结果，故"四个自信"不可分割。因此习近平总书记强调"在新时代，坚定信仰信念，最重要的就是要坚定中国特色社会主义道路自信、理论自信、制度自信、文化自信"②。

"信"有何力？它贵在心系人民、指向实践，以增信立德终赋能促行。

"信"之底气来自人民。百年党史的字里行间，不仅诠释着中国共产党全心全意为人民服务的根本宗旨，也刻写着人民对我们党的支持和信赖。"江山就是人民，人民就是江山。"③百年党史充

① 习近平：《在党史学习教育动员大会上的讲话》，《求是》2021 年第 7 期。
② 习近平：《在党史学习教育动员大会上的讲话》，《求是》2021 年第 7 期。
③ 习近平：《在党史学习教育动员大会上的讲话》，《求是》2021 年第 7 期。

分证明，人心是最大的政治，人民是最大的底气。中国共产党为人民而生，因人民而兴，始终同人民在一起，为人民利益而奋斗。

"信"之动力源自实践。心中有信仰，脚下有力量。经过百年奋斗，我们党团结带领人民实现了最广泛的人民民主，我们在一穷二白的基础上创造了经济社会快速发展奇迹，我国人民生活整体上彻底摆脱了绝对贫困，实现全面小康。"当今世界，要说哪个政党、哪个国家、哪个民族能够自信的话，那中国共产党、中华人民共和国、中华民族是最有理由自信的!"①伟大实践是最好的证明，亦是不竭的动力。

《左传》有载："信，国之宝也，民之所庇也。"②两千多年前的政治箴言，在当下终被我们中国共产党所实现，这充分说明历史极厚重、层次皆分明、实践已验证的中国共产党人的信仰之崇高、信念之笃定、信心之坚实。进而言之，或许当前语境下之"信"，可谓"党之基也"。此正是党史学习教育中须着力发掘的精神密码所在。

## 四、从历史的"三岔口"走向觉醒

自 2021 年春节起，一部名为《觉醒年代》的主旋律题材电视剧犹如黑马般异军突起，一路领跑电视剧收视率榜单。该剧以其厚实的剧本、精湛的演技、丰满的形象、上佳的制作一时间口碑炸裂，吸粉无数，甚至被众多影评媒体誉之为"破圈现象"。作为一名同

① 习近平:《在党史学习教育动员大会上的讲话》,《求是》2021 年第 7 期。
② (周)左丘明传,(晋)杜预注,(唐)孔颖达正义:《春秋左传正义》卷十六,北京:北京大学出版社,1999 年,第 429 页。

样紧追该剧不舍的观众，在笔者看来，《觉醒年代》之所以大热，关键在于其用鲜活高超的影视艺术形式，讲精彩了中国共产党创立的故事，讲清楚了深蕴于波澜壮阔的历史剧变（1916 年至 1921 年）背后的历史逻辑、理论逻辑与实践逻辑，讲透彻了历久弥新、丰沛博大的中国精神。

没有苦难，何来觉醒？毫无疑问，近代中国走过了一段极其艰难且异常屈辱的探索历程。1840 年，西方与老大帝国再度相遇，英国人用枪炮打开了中国的门户。之后不仅是西力东侵、资本东移，西学也伴随坚船利炮如潮水般涌入华夏大地。彼时中国深陷于李鸿章口中所形容的"数千年未有之变局"里，换言之，中国已处在文明转型的"历史三峡"之中。盲目拒斥西方并不是正确之道，到头来只会被列强踢出局。为了追求独立富强，中华民族所遭受的苦难之重、面临的风险之高、经历的波折之多、付出的牺牲之大，都是世所罕见。危难当前，破局之道，只有励精图治，实现向现代国家迈进的转型。这就是《觉醒年代》里陈独秀、李大钊、毛泽东、陈延年等进步人士所身处的历史境遇，更是他们念兹在兹所欲涤荡、改变的局势，也是该剧中反复痛陈、一再强调的积弊所在。换言之，是日益加剧的民族苦难促使了"新青年"们的觉醒。

没有抉择，何以觉醒？走向复兴的道路从来都不会平坦。第一次鸦片战争后，林则徐、魏源等先觉者首倡"师夷长技以制夷"的主张，积极学习西方。可惜国人尚沉睡于"天朝上国"之梦境里，魏源耗时十余年所撰写的百万言巨著《海国图志》居然未引起同胞重视。反倒邻邦日本将该书视作珍宝，为日后明治维新提供了最初的思想资源。

史家蒋廷黻先生认为自 1840 年始,清政府在"战后与战前完全一样,麻木不仁,妄自尊大……中华民族丧失了二十年的宝贵光阴"①。直至第二次鸦片战争爆发,英法联军攻陷北京,"堂堂天朝,竟任夷队纵横,为之大哭"②。痛定思痛,唯有改弦易辙,选择变革,洋务运动由之开始。这场以自强求富为目标的运动历时 35 年,时间不可谓不长,从中央到地方自上而下推动,力度不可谓不大,由军工制造延及民营企业,规模不可谓不广。奈何 1894 年中日甲午战争,清军一败涂地,徒带来"海内痛恨倭人,忧危朝事,众情愤懑之声状……耳不得而闻,目不得而睹"③而已。

此路不通,则再觅新径。1898 年 6 月 11 日,旨在学习西方君主立宪制的戊戌变法正式启动。这场涉及政治、经济、文化、教育等诸多领域的资产阶级改良运动,却因保守势力的阻挠、实施者能力不济和变法措施过于激进等因素,仅持续了 103 天即宣告失败。可见,资产阶级改革道路,也绝非救国良策。

改革不行,便只有革命。从 1894 年兴中会成立,到 1911 年辛亥革命爆发,民主革命伟大先行者孙中山先生筚路蓝缕,百折不挠,用了 17 年的时间带领无数革命志士推翻了在中国延续长达两千多年的传统帝制,建立了亚洲第一个民主共和国。不过皇帝虽然没了,但是乱象依旧丛生。先是袁世凯复辟帝制,紧接着张勋又拥戴溥仪复辟,两场闹剧未果后举国陷入大小军阀混战之中。

---

① 蒋廷黻:《中国近代史》,上海:上海古籍出版社,2000 年,第 10 页。
② 中国史学会主编:《第二次鸦片战争》第二册,上海:上海人民出版社,1978 年,第 41 页。
③ 转引自葛兆光《中国思想史》第二卷,上海:复旦大学出版社,2016 年,第 469 页。

　　数代中国人真心向西方学习，前赴后继，却一再无疾而终，各种救国方案皆化作泡影，道路选择上的惨痛教训彰彰在目。这就是《觉醒年代》里诸位进步人士所面临的理论困境。

　　中国向何处去？中国文化向何处去？围绕这一难题，那时的中国思想界，可以说是诸种思潮并峙，知识分子们面临着理论抉择的"三岔口"，中国历史也进入了不得不抉择的"三岔口"。1918 年底，梁启超赴法参加巴黎和会，沿途目睹饱受战火蹂躏后的欧洲大陆，满目疮痍、一片瓦砾。曾几何时，欧洲所代表的，是国人刻意追求的"现代性"文明。然而一战爆发所造成的景象，令中国人不得不重新审视中西文化，重新思考中国未来的指导理论问题。以梁启超、梁漱溟为代表的学者，通过反思现代性，采取中西调和的方式以期复兴中华文明，片面强调了文化的承继性却忽略了文化的时代性。

　　而以胡适、丁文江为代表的学者，则执着于对现代性之追求，指出所谓"欧洲科学破产论"，其实不过"谣言"而已，他们这种近乎偏见般对反省的拒绝，实际上弱化了个人的思想张力，其在五四运动后思想影响力的消退，恐与此颇有关联。

　　只有以陈独秀、李大钊为首的部分新文化旗手，他们首先深刻反思现代性，如陈独秀引介欧洲最新思潮动向，"当代大哲，若德意志之倭根，若法兰西之柏格森，虽不以现实物质文明为美备，咸揭橥生活问题，为立言之的。生活神圣，正以此次战争，血染其鲜明之旗帜。欧人空想虚文之梦，势将觉悟无遗"[1]。正是在透彻反思

---

[1]　陈独秀：《敬告青年》，《陈独秀文集》第一卷，人民出版社 2013 年，第 94 页。

欧洲的基础之上,俄国十月革命的爆发,"给我们送来了马克思列宁主义"①,中国革命从此步入了新阶段,他们终选择马克思主义。

从反思现代性到服膺马克思主义,中共早期领导人的思想内在演进脉络,彰显出他们高度的文化自觉与文化自醒。《觉醒年代》中用了大量丰富、细腻又不失张力的情节去勾勒、还原这一珍贵的思想转变历程,诚可谓匠心独运。

没有行动,何谈觉醒?从新文化运动到五四运动再到中国共产党的创立,贯穿其中的,既有思潮的脉动,更有实践的冲动。1919 年 9 月 15 日,李大钊在《少年中国》第 1 卷第 3 期发表《"少年中国"的"少年运动"》,说:"我们'少年运动'的第一步,就是要作两种的文化运动:一个是精神改造的运动,一个是物质改造的运动。"②无独有偶,1920 年,一向信守"不谈政治"戒约的陈独秀撰文道:"本志社员中有多数人向来主张绝口不谈政治。我偶然发点关于政治的议论,他们都不以为然。但我终不肯取消我的意见,所以常常劝慰慈、一涵两先生做关于政治的文章。"③当时的思潮趋向由话语走向实践,由推崇走向反思,由批判走向建设、由改良走向革命,五四运动引发了盛况空前的政治变革。《新青年》同仁亦因之渐趋分化,最终以陈独秀、李大钊、毛泽东为代表的先进人士共同成立了中国共产党,中国政治自此出现了前所未有的变化。拥抱革命、走向社会的行动,是觉醒后的必然选择,这就是中国革命的

---

① 毛泽东:《论人民民主专政》,《毛泽东文集》第四卷,人民出版社 1991 年,第 1471 页。

② 李大钊:《"少年中国"的"少年运动"》,《李大钊全集》第三卷,人民出版社 2006 年,第 11—12 页。

③ 陈独秀:《谈政治》,《陈独秀文集》第二卷,人民出版社 2013 年,第 29 页。

实践属性。《觉醒年代》后半段剧情的高潮部分,恰恰是全景式地呈现了此历史时刻的雄壮与艰辛。

习近平总书记在纪念五四运动一百周年大会上指出:"五四运动改变了以往只有觉悟的革命者而缺少觉醒的人民大众的斗争状况,实现了中国人民和中华民族自鸦片战争以来第一次全面觉醒。"①《觉醒年代》正是紧扣这一急遽变革的时期,通过艺术的语言讲清楚了该年代所蕴含的历史逻辑、理论逻辑与实践逻辑的高度统一。与此同时,剧中人物群像的刻画既不失严谨,又惟妙惟肖,堪称入木三分,陈独秀的激昂决绝、蔡元培的包容睿智、李大钊的宽厚果敢、毛泽东的英气飒爽、鲁迅的沉郁激愤、胡适之的儒雅谨慎、陈延年的执着纯真,都让人过目不忘,久久沉浸其中,为他们灵魂深处那一份伟大而可贵的精神而振奋甚或震撼。这无疑印证了习近平总书记在 2014 年文艺座谈会上的那一句论断:"中国精神是社会主义文艺的灵魂。"②

## 五、以大历史观重新审视"五四"

2019 年 4 月 30 日,在纪念五四运动 100 周年大会上,习近平总书记指出五四运动"是一场以先进青年知识分子为先锋、广大人民群众参加的彻底反帝反封建的伟大爱国革命运动,是一场中国人民为拯救民族危亡、捍卫民族尊严、凝聚民族力量而掀起的伟大社会革命运动,是一场传播新思想新文化新知识的伟大思想启蒙

---

① 习近平:《在纪念五四运动 100 周年大会上的讲话》,《人民日报》2019 年 5 月 1 日。
② 习近平:《论党的宣传思想工作》,北京:中央文献出版社,2020 年,第 110 页。

运动和新文化运动",这"是中国旧民主主义革命走向新民主主义革命的转折点,在近代以来中华民族追求民族独立和发展进步的历史进程中具有里程碑意义"。① 以史为鉴,可知兴替,我们纪念五四运动、发扬五四精神,必须加强对五四运动和五四精神的研究。

在 2019 年 4 月 19 日中共中央政治局第十四次集体学习中,习近平总书记强调"要加强对五四运动历史意义的研究,深刻揭示五四运动对当代中国发展进步的深远影响。要坚持大历史观,把五四运动放到中华民族 5000 多年文明史、中国人民近代以来 170 多年斗争史、中国共产党 90 多年奋斗史中来认识和把握"②。毫无疑问,我们站在新的历史方位上回望百年前的五四运动,必须采用大历史观对该事件进行重新审视。所谓"大历史观",简言之,意味着我们要秉持一种整体化的文明思维与历史意识,在回顾往昔、直面现在、开创未来的维度上,在立足中国、环顾世界、纵贯古今的视野中,考察关乎我国发展进程的重大事件。具体到五四运动,我们必须将其置于悠长深厚的文明演进与历史变迁的脉络中,由文明转型、道路选择、思潮交融与精神传承四个维度去追根溯源、多方比较,才有可能从这一幅雄壮斑斓的百年画卷中提炼出历久弥新、值得资鉴的历史意义和时代价值。

---

① 习近平:《在纪念五四运动 100 周年大会上的讲话》,《人民日报》2019 年 5 月 1 日。
② 习近平:《加强对五四运动和五四精神的研究 激励广大青年为民族复兴不懈奋斗》,《人民日报》2019 年 4 月 21 日。

# （一）

历经五千多年的孕育、生长、碰撞与融汇，我国形成了独具一格的中华文明。我们的文明可谓悠久，虽然屡经内在嬗变、外来冲击，俱能凤凰涅槃、再造重生，终成为人类历史上硕果仅存的一种原生性文明；我们的文明可谓深厚，在先秦百家争鸣、两汉经学兴盛、魏晋南北朝玄学流行、隋唐儒释道并立、宋明理学发展等不同历史阶段的重重积淀与塑造下，传统文化渊源有自、丰富多元；我们的文明可谓开放，文明因交流而多彩，文明因互鉴而丰富，丝绸之路的开辟，遣隋遣唐使大批赴华，法显、玄奘西行取经，郑和七下远洋，明清之际利玛窦、南怀仁东来，在平等交往中，中华文明走向了世界，成为人类文明的一部分。也正是在数千载岁月无声的潜移默化下，中华文明既坚守本根又与时俱进，使中华民族保持了民族自信和强大的修复能力，培育了共同的情感和价值、理想和精神。

然而，任何文明有其优长，定亦有其不足，中华文明概莫能外。降至清代，随着统治者政治上奉行专制高压，文化上大兴文字狱，对外关系上采取闭关锁国，中华文明逐渐失去了往日活力。与此同时，欧洲英法诸国通过第一次工业革命，实力与日俱增，开始不断对外扩张。1840年后，西学也伴随西方坚船利炮如潮水般涌入华夏大地。作为亲历者，民国教育家蒋梦麟曾如此形容西潮拍岸的景象："西方文化在法国革命和工业革命之后正是盛极一时，要想吸收这种文化，真像一顿饭要吃下好几天的食物。如果说中国还不至于胀得胃痛难熬,至少已有点感觉不舒服。因此中国一度非常讨厌西方文化,她惧怕它,诅咒它,甚至踢翻饭桌,懊丧万分地离席而去,结果发现饭菜仍从四面八方向她塞过来。"①

于是,一代代国人蒿目时艰,不由发出慨叹:未来中国究竟往何处去? 路在何方?

(二)

走向复兴的道路从来都不平坦。

第一次鸦片战争后,林则徐、魏源等先觉者首倡"睁眼看世界""师夷长技以制夷"的主张,积极学习西方。可惜国人尚沉睡于"天朝上国"之梦境里,魏源耗时十余年所撰写的百万言巨著《海国图志》居然未引起同胞重视。反倒邻邦日本将该书视作珍宝,日本思想家吉田松阴拜读后感叹"万国环绕,其势如此,若我茫然拱手立于其中,不能察之,实在危险得很"②。此书实为日后明治维新提供了最初的思想资源。

至第二次鸦片战争爆发,英法联军攻陷北京,士大夫们纷纷惊愕失措。痛定思痛,唯有改弦易辙,选择改革,洋务运动由之开始。奈何1894年中日甲午战争,清军一败涂地,为何追摹洋务也改变不了任人欺凌的现状? 作为当时新政实操者的李鸿章道出了实情:"我办了一辈子的事,练兵也,海军也,都是纸糊的老虎,何尝能实

---

① 蒋梦麟:《西潮·新潮:蒋梦麟回忆录》,北京:新星出版社,2016年,第211页。
② [日]吉田松阴:《吉田松阴全集》第五卷,转引自王晓秋《近代中日启示录》,北京:北京出版社,1987年,第37页。

在放手办理？不过勉强涂饰，虚有其表，不揭破犹可敷衍一时。"[1]单靠引进军事科技，发展工商业，并不是治本之计。

数代中国人真心向西方学习，前赴后继，却一再无疾而终，道路选择上的惨痛教训彰彰在目。内忧未已，外患骤至。就在国内政局风雨飘摇之际，1919年5月初，中国外交团在巴黎和会力争权益失败的消息传到国内，所谓"公理战胜强权"的美丽童话顿时化为幻影。

"国亡了，同胞起来呀！"[2]学生领袖罗家伦写出了国人的真切心声。

中国又一次站在了选择道路的十字路口。

## （三）

著名学人梁启超先生在回顾近代道路选择的理路时写道：国人"先从器物上感觉不足"，接着"是从制度上感觉不足"，辛亥之后"便是从文化根本上感觉不足"。[3] 这大致勾勒出了从鸦片战争到五四运动的变迁轨迹，但尚未从更纵深的时代背景和文化演进的角度去探究为何最终落脚点是思想理论层面。

具体而言，五四运动孕育于戊戌维新以来文化演变积累的基

---

[1] 吴永口述，刘治襄笔记，李益波整理：《庚子西狩丛谈》，北京：中华书局，2009年，第121页。

[2] 转引自陈平原、夏晓虹主编《触摸历史——"五四"人物与现代中国》，广东：广州人民出版社，1990年，第29页。

[3] 梁启超：《五十年中国进化概论》，《饮冰室文集之三十九》，《饮冰室合集》第五册，北京：中华书局，1989年，第43—45页。

础之上,同时受黑暗淆乱的民初思想状况之刺激,从而终在 1919 年 5 月 4 日这一天如火山般喷涌而出。循着由表及里的发展脉络,大致可概括为三个方面。首先,文学改良促使白话国语最终成立,新文学建设因之成绩斐然。数千年来,中国言文分离的现象极其严重,势必造成上层文化与下层文化间的隔膜,极大妨碍了文化创新机制的发展。清末时期,人们已经开始探索便于民众读书识字的办法。据统计,清末刊行的白话报刊数目大约有 140 种,这是个相当可观的数字。应当说,清末一股具有相当规模的白话文运动潮流已悄然兴起,并且成为"五四"时期白话文运动的前驱。当然,真正使得白话文取代文言文成为创造一切文学的利器,还是在新文化运动时期。胡适在《建设的文学革命论》一文中,旗帜鲜明地提出"国语的文学,文学的国语"十字口号。此文一出,标志着文学革命与国语运动"双潮合一"。以胡适、陈独秀、鲁迅、周作人、刘半农等新文化人纷纷投身新文学创作热潮,其中以鲁迅的成绩最大,他曾自我评价道:"从 1918 年 5 月起,《狂人日记》《孔乙己》《药》等,陆续的出现了,算是显示了'文学革命'的实绩。"①

其次,新式教育理念的广泛引介,教育改革随之趋于深入。白话文的普及,利用社会大众对新式知识、思想的接受,发端于清末的新式教育改革也由此步入了快速发展阶段。从 1902 年清廷学部拟定一系列办新学的文件到 1905 年科举制的废除,配合了学制颁布后兴学政策的落实,出现了中国近代史上难得的兴办新学的热潮。至 1909 年,各级各类新式学堂的数量已达五千多所,在校学生

---

① 鲁迅:《且介亭杂文二集》,《鲁迅全集》第六卷,北京:人民文学出版社,2005 年,第 246 页。

超过160万人。与此同时,在清末新政的激励下,近代留学教育在进入20世纪后骤然勃兴,首先是在1906年前后形成了规模盛大的留日高潮,其次是在1908年美国实行"退款兴学"政策后留美潮流逐渐兴起。其中尤以留日学生在清末民初的影响力为大,像陈独秀、李大钊、鲁迅等为代表的留日进步学生终成长为五四运动的核心力量。

再次,青年学生的觉醒,新型知识人群体的出现。新式教育的推进,进步思想的不断涌入,加之风起云涌的时局,终引发清末民初青年学生们的整体觉醒。青年们的觉醒,主要体现在两个方面:一是"个人"的觉醒,即对自主人格、个性自由的向往与追求;二是对社会、民族、国家的使命的觉醒,也就是说,广大青年自觉意识到自己将担负未来中国走向独立富强的重任。如蔡和森在彼时致信毛泽东,坦言:"吾人之穷极目的,惟在冲决世界之层层网罗,造出自由之人格,自由之地位,自由之事功……然后始可称发展如量。"[1]青年学生们的纷纷觉醒,预示着"五四"一代知识人群体的诞生。

最终,语言的递嬗、教育的革新,加之知识人的诞生,促使诸多新的价值观念相互激荡,深入人心。可知五四运动的出现,并非独立于时代之外的产物,而是清末以来文化变迁积淀的结果,有着深厚的背景。并且随着这场运动的深入发展,最终与马克思主义深度结合,"十月革命一声炮响,给我们送来了马克思列宁主义"[2],中国革命从此步入了新阶段。

---

[1] 蔡和森:《蔡和森文集》上册,北京:人民出版社,2013年,第27页。

[2]《毛泽东选集》第四卷,北京:人民出版社,1991年版,第1471页。

应当说,在近代世界剧烈的大变局中,中华文明不得不进行转型,探索真正适合自身发展的道路。"千淘万漉虽辛苦,吹尽狂沙始到金",最终经过风云激荡的五四运动洗礼与锤炼,中国人找到了马克思列宁主义,中国革命有了正确的前进方向,中国人民有了坚强的领导核心。这就是五四运动所昭示的历史逻辑、实践逻辑与理论逻辑的统一。

## (四)

伟大的运动必定会留下伟大的思想遗产。正如习近平总书记所指出的:"五四运动,孕育了以爱国、进步、民主、科学为主要内容的伟大五四精神,其核心是爱国主义精神。爱国主义是我们民族精神的核心,是中华民族团结奋斗、自强不息的精神纽带。"[1]5000多年来,中华民族之所以能够经受住无数难以想象的风险和考验,始终保持旺盛生命力,生生不息,薪火相传,同中华民族有深厚持久的爱国主义传统是密不可分的。

五四运动的兴起,正是爱国主义传统为之提供了强大不竭的思想资源,同时随着五四精神的日益丰富,又给自古有之的爱国主义传统注入了新的内涵。所以,立足当前,伟大的事业需要伟大的精神,实现中华民族伟大复兴的中国梦,是当代中国爱国主义精神的鲜明主题。我们站在新的历史节点上研究五四精神,就必须"深入研究五四运动倡导的爱国、进步、民主、科学思想对实现中华民

---

① 习近平:《在纪念五四运动100周年大会上的讲话》,《人民日报》2019年5月1日。

族伟大复兴中国梦的重大意义"①。

"俱往矣,数风流人物,还看今朝。"青年是国家的未来,也是世界的未来。中国梦与世界梦息息相通,中华民族应该对人类社会作出更大贡献。因此我们尤其要用爱国主义精神统领进步、民主、科学等精神同民族精神和时代精神的融合,引导新时代的广大青年深刻且深沉地认识到"热爱祖国是立身之本、成才之基。当代中国,爱国主义的本质就是坚持爱国和爱党、爱社会主义高度统一"。要鼓励他们"听党话、跟党走,胸怀忧国忧民之心、爱国爱民之情,不断奉献祖国、奉献人民,以一生的真情投入、一辈子的顽强奋斗来体现爱国主义情怀,让爱国主义的伟大旗帜始终在心中高高飘扬"②,共同为实现中华民族伟大复兴贡献才智。

"我们要建设的社会主义现代化强国,不仅要在物质上强,更要在精神上强。精神上强,才是更持久、更深沉、更有力量的。"③习近平总书记这段话意味深长。我们未来要实现的伟大复兴,既不能退回闭关锁国的僵化模式,也不能误入改旗易帜的称霸歧途,而是走中国特色社会主义发展道路,那必定是一个曾经拥有五千多年历史底蕴和文化滋养的文明大国之复兴。以此大历史观的眼光回望"五四",这就必然要求我们从历史逻辑、实践逻辑、理论逻辑相结合的高度,"讲清楚为什么五四运动对当代中国发展进步具有

---

① 习近平:《加强对五四运动和五四精神的研究 激励广大青年为民族复兴不懈奋斗》,《人民日报》2019 年 4 月 21 日。
② 习近平:《在纪念五四运动 100 周年大会上的讲话》,《人民日报》2019 年 5 月 1 日。
③ 习近平:《在纪念五四运动 100 周年大会上的讲话》,《人民日报》2019 年 5 月 1 日。

如此重大而深远的影响,讲清楚为什么马克思主义能够成为中国革命、建设、改革事业的指导思想,讲清楚为什么中国共产党能够担负起领导人民实现民族独立、人民解放和国家富强、人民幸福的历史重任,讲清楚为什么社会主义能够在中国落地生根并不断完善发展"①。只要坚持这种锲而不舍的历史追问,坚持这种返本开新的思想阐释,一百年前这场伟大的运动就将永远绽放出耀眼的青春光芒!

---

① 习近平:《加强对五四运动和五四精神的研究 激励广大青年为民族复兴不懈奋斗》,《人民日报》2019 年 4 月 21 日。

# 第三章　历史思维

　　无历史,便无文明,无悠久历史,便无灿烂文明。换言之,历史是支撑中国文化的必要架构、是理解中国社会的必由途径、是承载民族记忆的必然选择。所以作为领导干部,须善于学习和总结历史,如此方能不断提升文化素养,了解历史规律,涵养政治道德。然而,领导干部读史观史,更关键之处在于阅世治世,要具有历史意识和文化自觉,即想问题、做决策要有历史眼光,能够从以往的历史中汲取经验和智慧,自觉按照历史规律和历史发展的辩证法办事,即通过学习历史,谙熟隐伏于史实、制度、人物、事件背后的脉络与规律,并内化为自身思考问题、研判局势、筹谋决策、政治实践的习惯、能力、自信和担当,此谓之历史思维。

## 一、"以古人之规矩,开自己之生面":领导干部为何要提高历史思维能力?

习近平总书记在党的二十大报告中指出:"我们要善于通过历史看现实、透过现象看本质,把握好全局和局部、当前和长远、宏观和微观、主要矛盾和次要矛盾、特殊和一般的关系,不断提高战略思维、历史思维、辩证思维、系统思维、创新思维、法治思维、底线思维能力,为前瞻性思考、全局性谋划、整体性推进党和国家各项事业提供科学思想方法。"①作为"七大思维"之一,历史思维更持久、深沉与浑厚,也更需要领导干部从历史变迁、文明延续、国家治理与时势应对等多层面去系统理解和把握其自身内涵、重要作用及同另外五大思维间的内在关联。

## (一)

毫无疑问,历史是一个民族、一个国家形成、发展及其盛衰兴亡的真实记录,是前人的"百科全书",即前人各种知识、经验和智慧的总汇。中国历史绵延不辍,五千多年代有更新,于是孕育出深厚丰富、生生不息的中华文明。用习近平总书记在 2019 年亚洲文明对话大会主旨演讲中的论断来概括:"亲仁善邻、协和万邦是中

① 习近平:《高举中国特色社会主义伟大旗帜 为全面建设社会主义现代化国家而团结奋斗:在中国共产党第二十次全国代表大会上的报告》,北京,人民出版社,2022年,第 21 页。

华文明一贯的处世之道,惠民利民、安民富民是中华文明鲜明的价值导向,革故鼎新、与时俱进是中华文明永恒的精神气质,道法自然、天人合一是中华文明内在的生存理念。"①无历史,便无文明,无悠久历史,便无灿烂文明。换言之,历史是支撑中国文化的必要架构、是理解中国社会的必由途径、是承载民族记忆的必然选择。所以作为领导干部,须善于学习和总结历史,得以提升文化素养,了解历史规律,涵养政治道德。然而,领导干部读史观史,更关键之处在于阅世治世,要具有历史意识和文化自觉,即想问题、做决策要有历史眼光,能够从以往的历史中汲取经验和智慧,自觉按照历史规律和历史发展的辩证法办事,即通过学习历史,谙熟隐伏于史实、制度、人物、事件背后的脉络与规律,并内化为自身思考问题、研判局势、筹谋决策、政治实践的习惯、能力、自信和担当,这就是历史思维。

何谓"历史思维"?首先,这是一种习惯。历史是从昨天走到今天再走向明天,历史的联系是不可能割断的。讲历史,便要在持续中了解其变化,在变化中把握其持续。所以思考历史必须注重两点:一是求其变,二是求其久。唯有明此两点,我们才算得上鉴古知今、究往穷来,于心中凝聚历史思维。因此领导干部在从事实际工作中,既当立足现实需要,同时须自觉往回看,仔细梳理以往前人处理类似情形时的得失利弊,又要往前看,慎重考量不同解决方式对于本地区、本部门的百姓福祉、长远发展会带来怎样的结果,从而避免盲目蛮干、急功近利、不作为乱作为等问题的出现,于

---

① 习近平:《深化文明交流互鉴,共建亚洲命运共同体》,《论党的宣传思想工作》,北京:中央文献出版社,2020 年,第 403—404 页。

是在知往察来中把握当下,用一种良好的思维习惯来指导各项工作。

其次,这是一种能力。史海浩渺无垠,书籍汗牛充栋,即使专业历史工作者,都不可能穷尽,何况日常工作繁忙的领导干部们。因此,学习历史是要具备一种能力。其中之关键,在于要形成科学的历史思维方式,必须坚持从历史唯物主义出发认识世界、对待历史、展望未来,始终用科学正确的理论来思考认知人类发展的内在逻辑。

再次,这是一种自信。文化自信源自中华民族五千多年文明历史所孕育的中华优秀传统文化,熔铸于党领导人民在革命、建设、改革中创造的革命文化和社会主义先进文化,植根于中国特色社会主义伟大实践。循着此线性梳理脉络,我们可知历史实为文化自信的依据、载体与根基,也就是说,领导干部要坚定文化自信,必然要秉持对本国历史的自信。有了这种自信,才能追求像著名学者楼宇烈先生所强调的目标,"就当前中国社会来讲,最迫切需要的是要树立起民族文化的主体意识或本位意识"[1],由之在每个中国人心中塑造深沉持久稳固有力的中华民族文化主体意识,实现"强信心、聚民心、暖人心、筑同心"的任务,应对国内外各种复杂思潮的挑战与侵袭。

最后,这是一种担当。恰恰因为我们的历史遗产极其丰厚,我们的历史积淀甚是广博,作为当代中国的治理者,承上启下、继往开来,责任不可谓不重,使命不可谓不大,必须不忘初心,时刻将

---

[1] 楼宇烈:《对于二十一世纪中国文化建构的思考》,《中国文化的根本精神》,北京:中华书局,2016年,第297页。

"为中国人民谋幸福,为中华民族谋复兴"悬诸心头,牢记脑中,以中国历史延续者与开拓人、伟大复兴接力者与奠基人的身份,始终把责任使命扛在肩头,担国家民族之大任,做新时代征程之先锋,方能创造出经得起实践、人民、历史检验的实绩。

客观而言,构成历史思维的四个方面,习惯养成不易,能力获取颇难,坚定自信不简单,铭记担当甚艰巨。作为新时代的领导干部,可谓任重道远,怎能不宽宏坚毅,奋力为之?

(二)

明其内涵,更要知其作用。首先,历史思维有助于领导干部以大历史观来审视古今,考量中外。2019 年是五四运动爆发一百周年,在 4 月 19 日中共中央政治局第十四次集体学习中,习近平总书记明确指出:"要加强对五四运动历史意义的研究,深刻揭示五四运动对当代中国发展进步的深远影响。要坚持大历史观,把五四运动放到中华民族 5000 多年文明史、中国人民近代以来 170 多年斗争史、中国共产党 90 多年奋斗史中来认识和把握。"①所谓"大历史观",简言之,意味着我们要秉持一种整体化的文明意识与历史思维,在回顾往昔、直面现在、开创未来的维度上,在立足中国、环顾世界、纵贯古今的视野中,考察关乎我国发展进程的重大事件。以五四运动为例,我们必须将其置于悠长深厚的文明演进与历史变迁的脉络中,由文明转型、道路选择、思潮交融与精神传承四个

---

① 习近平:《加强对五四运动和五四精神的研究 激励广大青年为民族复兴不懈奋斗》,《人民日报》2019 年 0 月 21 日。

维度去追根溯源、多方比较,才可能明白为什么进入近代,中国渐趋落后,才可能明白于"数千年未有之变局"中,为何洋务运动、戊戌变法、清末新政、辛亥革命等一系列改革、革命事件都先后失败了。最终促使领导干部从历史逻辑、实践逻辑、理论逻辑相结合的高度,"讲清楚为什么五四运动对当代中国发展进步具有如此重大而深远的影响,讲清楚为什么马克思主义能够成为中国革命、建设、改革事业的指导思想,讲清楚为什么中国共产党能够担负起领导人民实现民族独立、人民解放和国家富强、人民幸福的历史重任,讲清楚为什么社会主义能够在中国落地生根并不断完善发展"①。从这一幅雄壮斑斓的百年画卷中提炼出历久弥新、值得资鉴的历史意义和时代价值。

其次,历史思维有助于领导干部以唯物史观来分辨真伪,激浊扬清。近些年来,历史虚无主义思潮甚嚣尘上,非常值得警惕。所谓历史虚无主义思潮,是一种以"重新评价"为名,否定中华文明和中国统一的多民族国家历史,歪曲近现代中国革命历史、党的历史和中华人民共和国历史,进而从根本上否定马克思主义指导地位和中国走向社会主义的历史必然性,否定中国共产党领导的错误思潮。对于该思潮,早在1949年9月,毛泽东同志在《唯心历史观的破产》一文中就已经深刻揭露和批判了历史虚无主义的荒谬之处,阐明了中国共产党人的唯物史观立场。他指出,"马克思列宁主义来到中国之所以发生这样大的作用,是因为中国的社会条件有了这种需要,是因为同中国人民革命的实践发生了联系,是因为

---

① 习近平:《加强对五四运动和五四精神的研究 激励广大青年为民族复兴不懈奋斗》,《人民日报》2019年4月21日。

被中国人民所掌握了。任何思想,如果不和客观的实际的事物相联系,如果没有客观存在的需要,如果不为人民群众所掌握,即使是最好的东西,即使是马克思列宁主义,也是不起作用的。我们是反对历史唯心论的历史唯物论者。"①2014 年 10 月 18 日,习近平同志在中共中央政治局第十八次集体学习时讲话中明确讲到:"要治理好今天的中国,需要对我国历史和传统文化有深入了解,也需要对我国古代治国理政的探索和智慧进行积极总结……我们不是历史虚无主义者,也不是文化虚无主义者,不能数典忘祖、妄自菲薄。一个国家的治理体系和治理能力是与这个国家的历史传承和文化传统密切相关的。解决中国的问题只能在中国大地上探寻适合自己的道路和办法。"②因此,广大领导干部应站在牢牢掌握意识形态工作领导权的战略高度,针对当前历史虚无主义思潮传播内容碎片化,传播方式网络化、多样化,传播时机热点化,传播主体隐匿化,伪装手法学术化,表现形式日常化、娱乐化,受众对象低龄化,分布地域国际化等新的动态与特点,坚决以唯物史观为指导,依托专家学者力量,采取多种媒体手段,旗帜鲜明地同形形色色的历史虚无主义作斗争,净化舆论环境,维护正确史观。

最后,历史思维有助于领导干部以政德理念来自我约束,改塑风气。《论语》有言:"为政以德,譬如北辰,居其所而众星拱之。"该种注重执政者德位相配、以德为先的主张成为中国历代政治家、读

---

① 毛泽东:《唯心历史观的破产》,《毛泽东选集》第四卷,北京:人民出版社,1991 年,第 1515 页。

② 习近平:《牢记历史经验历史教训历史警示　为国家治理能力现代化提供有益借鉴》,《人民日报》2014 年 10 月 14 日。

书人所共同尊奉的政治理念。2018年两会期间，习近平总书记指出：“领导干部要讲政德。政德是整个社会道德建设的风向标。立政德，就要明大德、守公德、严私德。”①到了2018年11月26日，在中央政治局第十次集体学习时，围绕中国历史上的吏治问题，习近平总书记强调：“重视吸取历史经验是我们党的一个好传统。历史记述了前人的成功和失败，重视、研究、借鉴历史，了解历史上治乱兴衰规律，可以给我们带来很多了解昨天、把握今天、开创明天的启示。我们进行伟大斗争、建设伟大工程、推进伟大事业、实现伟大梦想，更需要重视、研究、借鉴历史”，用人方面“要严把德才标准。德才兼备，方堪重任。”②这可视作对中国传统政德理念的现代借鉴与创新。领导干部涵养政德、改塑政风，一方面要立足当前的中央要求与现实情况，另一方面要有意识地从源源不竭的历史宝库中采撷提炼，彰显时代价值。尤其是要善于从本地区历史文化遗产中汲取营养，如山东济宁的孔孟文化、山西运城的关公文化、河南汤阴的岳飞文化、浙江余姚的阳明文化等等，皆可以在结合时代需求的过程中实现返本开新，为提升干部队伍的道德修养、创造良好的政治生态带来重要参考。

（三）

与此同时，“七大思维”本来就是一个整体，分则效果有限，合

---

① 《习近平、李克强、栗战书、赵乐际分别参加全国人大会议一些代表团审议》，《人民日报》2018年3月11日。

② 习近平：《严把标准公正用人拓宽视野激励干部 造就忠诚干净担当的高素质干部队伍》，《人民日报》2018年11月27日。

则裨益甚巨。领导干部在日常工作中应将六种思维融为一体,灵活运用。作为其中最为基础的历史思维,它为其他五大思维提供了深厚的支撑、无穷的史例。

战略思维贵在既能高瞻远瞩、统揽全局,又可以小见大、见微知著,从而站在时代前沿和战略全局的高度思考和处理问题。作为古史上以多胜少的著名案例,淝水之战便体现了东晋统治者高超的战略思维。当时前秦皇帝苻坚率 90 万雄兵南下,气势汹汹,声称"以吾之众旅,投鞭于江,足断其流"。如果仅是一味固守,等到敌人全部抵达,东晋绝非其对手。所以谢安、谢玄等人把握大局,制定了趁前秦立足未稳,进行速战的战略,并采用激将法诱敌后撤,进而乘势猛攻,终造成风声鹤唳、草木皆兵、横尸遍野、以弱克强的经典胜局。此事件无疑启示领导干部在日常决策时不要仅盯着一城一池的眼前得失,一定要放眼全局,通盘考察,具备广博的战略素养。

辩证思维贵在承认矛盾、解决矛盾,于对立中把握统一、在统一中把握对立,从而以发展的、系统的思路处理问题。1988 年 6 月至 1990 年 4 月,习近平同志任福建省宁德地委书记。那时的宁德,经济总量排全省最末,俗称"闽东老九",全地区 9 个县有 6 个是贫困县,是全国 18 个集中连片的贫困地区之一。正是在这样一个"老少边岛穷"的东南沿海欠发达地区,习近平总书记的主要工作就是带领当地群众摆脱贫困。不过,习近平总书记清楚,一个地区的发展,必须是经济与文化两翼齐飞,"我们切不可物质上脱贫了,精神上却愚昧了"①。因此在推进经济工作的同时,他着力挖掘宁德的民族地域文化,取得非常明显的成效。在对闽东文化建设经验的总结中,习近平总书记指出:"从整个国家来说,中华民族的传统文化在民族的延续和发展中起到了积极的作用。在几千年的文明发展史中,我们已经树立了强烈的民族自信心,无论是在民族危亡,还是在民族昌盛时期,这种自信心都是我们民族精神中最稳定的成分。"②这正是历史思维与辩证思维综合运用的典型体现。从习近平总书记的地方执政经验中,我们不难看到,作为一名领导干部,处理问题务必秉持全面的思路、动态的方式,在矛盾中发现机遇,从而既补齐短板,更能彰显优势。

创新思维贵在因时制宜、因势制宜,破除迷信、开拓创新,从而实现创造性变革。当然,创新不是凭空而来,更不是无中生有,它一定是返本开新、守正出新。同样是中国史上著名的改革事件,西魏时期的名臣苏绰根据政权并峙的局势,采取新旧结合的改革路径,提出"六条诏书"作为改革方案,建立了均田制、府兵制等制度,使得西魏转弱为强,从而为承继西魏的北周统一北方以及隋统一全中国创造了条件。与之相反,晚清的"戊戌变法"则脱离了当时中国的实际。光绪皇帝不了解政情民情,康有为等改革领袖的主张过于理想化,导致方案太过激进,政令无法落地,终引来保守势力反弹,维新百日而夭。所以鉴古知今,领导干部进行各方面或大

---

① 习近平:《建设好贫困地区的精神文明》,《摆脱贫困》,福州:福建人民出版社,1992年,第155页。
② 习近平:《闽东之光——闽东文化建设随想》,《摆脱贫困》,福州:福建人民出版社,1992年,第23页。

或小的创新，一定要参考以往正反经验教训，同时谨记改革必须牢牢扎根于本土实情，避免再走弯路，防止照搬照抄，毕竟这两种模式都是违背创新规律的。

法治思维贵在增强尊法学法守法用法意识，运用法治方式治国理政、化解矛盾。中国传统文化中蕴含着丰富的法治思想，并且强调礼法并举，换言之，中国人注重依法治国与以德治国的结合。由此可见，领导干部养成良好的法治思维，仍需从中西历史与文化情境中去深入理解和把握，既要汲取人类其他法治文明的精髓，又要根植于中国历史文化的背景中。

底线思维贵在居安思危、未雨绸缪，凡事从最坏处着眼，向最佳处努力，做有准备之事，打有把握之仗，着力防范化解重大风险。这种思维在古人治国方略中多有体现。如唐初君臣总结前朝教训，反复探讨一个问题：想当年隋朝曾经"统一寰宇，甲兵强盛"，"风行万里，威动殊俗"，难道隋炀帝厌恶"天下之治安"、不愿"社稷之长久"，而故意仿效桀、纣等暴君的种种劣迹？答案肯定不是。魏征给出的结论是隋炀帝"不虑后患"，"徭役无时，干戈不戢"，导致建国三十多年即走向覆灭。以史为鉴，居安思危何其重要。魏征遂规劝唐太宗"见可欲则思知足以自戒，将有所作则思知止以安人，念高危则思谦冲而自牧，惧满溢则思江海而下百川，乐盘游则思三驱以为度，恐懈怠则思慎始而敬终，虑壅蔽则思虚心以纳下，想谗邪则思正身以黜恶，恩所加则思无因喜以谬赏，罚所及则思无因怒而滥刑"[1]。贞观之治的出现得益于唐初君臣防微杜渐、守住

---

① （唐）吴兢：《贞观政要》卷二，上海：上海古籍出版社，1978年，第71页。

底线的思维。唐初统治者的做法仍值得当代领导干部学习，即无论身处顺境，还是暂遇逆境，我们都应胸怀戒骄戒躁、如履薄冰的心态，谙熟凡事预则立不预则废的道理，时刻知道底线为何、底线何在，始终能抢先一步化解风险，防止危机出现，永处不败之地。

与此同时，我们要借助全球史观，知时代动向，局势变幻。如今，世界正经历着一场声势浩大的全球化百年之变。具体而言，世界范围内的商品大流通、贸易大繁荣、投资大便利、技术大发展、人员大流动、信息大传播不断深入发展，这势必深刻影响着当今世界的发展模式、交往模式、思维模式和治理模式。中国的发展不可避免地同世界的发展紧密联系在一起，各级领导干部需要应对各种潜在风险，既包括国内风险，也包括国际风险，既有"黑天鹅"，也有"灰犀牛"，既有传统政治经济领域的风险，如金融危机、军事冲突等，也有非传统安全领域的风险，如流行病、气候变化等。很多问题绝不是孤立事件，很多挑战也并非限于一隅，往往是综合因素所致。全球史观正是解析诸多时局迭变谜团的有效工具。放眼世界，以宽阔的眼光，既从现实又从历史两个方面更好地把握时代动向、局势变幻，统筹国内国际两个大局，才能把我们的各项工作做得更好。

清代学者沈宗骞在其著作《芥舟学画编》中曾言"以古人之规矩，开自己之生面"①，意指古为今用，予以新意。作为一种长时段、过程式的思维方式，历史思维重在强调知古鉴今，不泥古，不虚无，历史中的经验、教训、规律、趋势等等皆可为当代领导干部所用，且

---

① （清）沈宗骞：《芥舟学画编》，北京：人民美术出版社，1959年，第73页。

是在尊重历史前提上的活学活用,从而在对历史的深入思考领悟中做好现实工作、更好地迈向未来。

## 二、鉴古知今,学史明智

2019年1月3日,中国社会科学院中国历史研究院成立。习近平总书记在贺信中强调:"历史是一面镜子,鉴古知今,学史明智。重视历史、研究历史、借鉴历史是中华民族5000多年文明史的一个优良传统。"①这揭示出了历史之于中华民族发展延续的重要价值,体现了中央对历史学习与研究的一贯重视。

中华文明源远流长,历久弥新,积淀熔铸成自身独具的历史特质:自先秦至今,古籍与实物可印证的历史长达5000多年,可谓"悠久";相较于古代埃及、两河与印度文明,中华文明一脉相承,未曾中断,属于原生型文明,可谓"绵延";千百年来,各民族间血脉相连,休戚与共,历代制度屡经更化,活力长存,文化类型多元,制度资源丰富,可谓"深厚"。正基于此特质,历史是支撑中国文化的必要架构,是理解中国社会的必由途径,是承载民族记忆的必然选择。清代学者龚自珍的名句"欲知大道,必先为史",恰是就历史的这等重要意义而言。可见,每一位中国人,都应当走近历史,重视历史。尤其是身处各级工作岗位的党员干部,对历史的了解,不能仅停留于熟悉古史趣谈、近现代史掌故、国史见闻的程度,而是须通过有针对性的学习和思考,汲取历史经验,具备历史见识,塑造

---

① 习近平:《致中国社会科学院中国历史研究院成立的贺信》,《人民日报》2019年1月4日。

历史意识。

以史为镜，要善于汲取历史经验。一部中国史，上下五千年，真不知从何读起。这可能是大多数非专业出身的党员干部所面临的共性困惑，也是读史破题之处。习近平总书记曾指出："我们从哪里来？我们走向何方？中国到了今天，我无时无刻不提醒自己，要有这样一种历史感。"①这种历史感的形成，首先要把握历史脉络。如历代中央决策机制的酝酿与演进，地方机构设置的谋划与变迁，这些方面与从事各级治理工作的领导干部关联紧密，值得从源流上加以梳理。其次要知晓制度利弊。任何一项制度，都不可能有利无弊，且时间愈久，弊端愈多，终致难以为继，改易更张。如创制于隋唐的科举制，为何历经千载后在清末废除，其背后的深层次原因值得探究。再次要总结政治得失。古代王朝，通常逃不出"其兴也勃焉，其亡也忽焉"的历史周期律，作为领导干部，我们自当善于观察这些王朝因何而兴，缘何而亡。特别是要关注一个朝代陷入存亡绝续之际的"大关键处"，比如明末、清末的惨痛教训，解剖麻雀，如同政治操作的沙盘推演，深入历史肌理，想必定会有很大收获。

以史为师，要力求具备历史见识。历史是一部"百科全书"，领导干部读史，不是为了掌握无尽的知识，而是要彰明智慧，增长见识。因此读史须明变。历史本身变动不居，奔流不息，今日不同于往昔，明朝亦不复与今日同，所以能清晰辨别不同阶段之前后差异就是明变。比如同是科举制，隋唐只注重人才选拔，到了明清两代

---

① 《阔步走在中华民族伟大复兴的历史征程上——记以习近平同志为总书记的党中央推进全方位外交的成功实践》，《人民日报》2016 年 1 月 5 日。

由于翰林院的设立又添加了培植人才的功能,这种制度发明对于我们当前的选人用人制度建设不无参考价值。变有大小,观察巨变便是审势。读史要着眼于大处,以求考察大趋势,得出正确判断。众所周知,战国、魏晋南北朝、五代十国等时期,中国处于分裂状态。不过即使在动荡中,各民族间始终团结融合,好比千江万河,同归大海,共同促进了统一的多民族国家的形成与发展。这就是领导干部所要审视的历史大趋势。有变,必有不变,经年累月所沉淀下来的"不变",更须关注。对这种"不变"的探究,可称为问道。千淘万漉虽辛苦,吹尽狂沙始到金,未被一次次变迁所淹没的精神内核,就是我们中华民族最珍贵的历史传统。它是历史演进中内在的一股力量,或许可视作一种具有强大生命力的历史文化基因。譬如"协和万邦""天下大同""自强不息"等一系列中华民族独有的优良传统。因而对这一类不变传统的继承与弘扬,也就是领导干部不断问历史之道、悟文化之道的过程。

以史资政,要着力塑造历史意识。习近平总书记在 2011 年中央党校秋季学期开学典礼讲话中强调,领导干部学习历史"最重要的是要具有历史意识和文化自觉"。[①] 这就要求广大领导干部要对历史意识有深入的把握。简言之,历史意识是人们对待过去的一种自觉、一种自信、一种担当,因为历史从未远去。意大利哲学家克罗齐的著名论断"一切历史都是当代史",[②]从某种意义上而言,

---

① 习近平:《领导干部要读点历史》,《习近平党校十九讲》(内部使用),北京:中央党校出版社,2014 年,第 255 页。

② [意]贝奈戴托·克罗齐著、[英]道格拉斯·安斯利英译、傅任敢译:《历史学的理论和实际》,北京:商务印书馆,2010 年,第 1 页。

就是强调过去就活在现在之中,历史乃是活着的过去。习近平总书记在贺信中讲"当代中国是历史中国的延续和发展"①,就是要求领导干部要注重过去、当前与未来的联系,时时以历史为参照系,为加强修养、治国理政提供裨益。塑造历史意识,需要自觉。这就要求我们读史要贯通,不仅读中国史,也要学习世界史,在更加宏阔宽广的视野中形成历史眼光,思考中国问题,进行科学决策,自觉按照历史规律和历史发展的辩证法办事。塑造历史意识,需要自信。近些年来,对于中国近现代史、国史,思想界甚至学术界出现了一些误读误解或一味出奇的观点,这对领导干部的历史认知产生了不良影响。这就要求领导干部学习中国近现代史要特别注意学习中国共产党的历史,从党的光辉历程和伟大业绩中获得继往开来的强大动力和自信,始终坚定中国特色社会主义信念和共产主义远大理想。塑造历史意识,需要担当。领导干部读史,其最终目的还是指导实践、用于实践。广大干部在历史浸润中强化历史担当精神,处理现实工作时必须先之劳之,率先垂范,善用历史思维观察问题,并用历史上的正面事例激励自身增强责任意识、使命意识、进取意识,永葆共产党人的政治本色。

"夫知古不知今,谓之陆沉……夫知今不知古,谓之盲瞽。"②领导干部读史,要立足文明高度,秉持贯通视野,须能见其全、见其大、见其真、见其远、见其深,如此方使得历史智慧在现实工作中真正彰显其知古鉴今、资政育人的独特作用。

---

① 习近平:《致中国社会科学院中国历史研究院成立的贺信》,《人民日报》2019 年 1 月 4 日。
② 黄晖:《论衡校释(附刘盼遂集解)》第二册,北京:中华书局,1990 年,第 555 页。

## 三、上古下今，所思不远

　　"治之所资，惟在一心，而史特其鉴也。"①历史研究是一切社会科学的基础，也是历代执政者治国理政的重要凭借与资鉴。在2019 年 1 月 3 日致中国历史研究院成立的贺信中，习近平总书记希望广大历史研究工作者，"立足中国、放眼世界，立时代之潮头，通古今之变化，发思想之先声"②，这何尝不是对广大领导干部的要求。那么什么是"历史感"？借用清初大儒王夫之先生的话，即"通乎事之所由始，弊之所由生，害之所由去，利之所由成"③。换言之，应将历史作为沟通过去、现在与未来之桥梁，从中体察出关乎当前发展之通识。

　　领导干部读史，须见其真。毫无疑问，求真乃历史研究的本质宗旨，也是人们了解历史的一大诉求。倘涉猎的作品史观不正确或史料有讹误，有可能会误导人们对历史真相的把握。近些年来，中国近现代史、国史，思想界、学术界出现了一些误读误解或一味出奇的观点，甚至存在以所谓"重新评价"为名，歪曲近现代中国革命历史、党的历史和中华人民共和国历史，进而从根本上否定马克思主义指导地位和中国走向社会主义的历史必然性，否定中国共

---

① （清）王夫之：《读通鉴论·叙论》四之二，《船山全书》第十册，长沙：岳麓书社，2011 年，第 1184 页。

② 习近平：《致中国社会科学院中国历史研究院成立的贺信》，《人民日报》2019 年 1 月 4 日。

③ （清）王夫之：《读通鉴论》卷二十二，《船山全书》第十册，长沙：岳麓书社，2011 年，第 836 页。

产党的领导的历史虚无主义思潮。并且该思潮在传播方式上趋于网络化、日常化、娱乐化，呈现形式上更加学术化、热点化、隐匿化，比如对民国史的过度拔高甚至美化为"黄金时代"，对中国共产党在抗日战争中作用的否定与抹杀、对英雄模范人物的歪曲与丑化等，势必对领导干部的历史认知产生不良影响。这就要求领导干部学习中国近现代史要特别注意学习中国共产党的历史，准确把握近代以来历史发展的主题、主线、主流，正确对待中国共产党在前进道路上经历的失误和曲折，坚决抵制历史虚无主义的渗透，才能探究真相，悟出真理，得其真意。

领导干部读史，须见其全。中西历史，延续不辍，史实之众，浩如烟海。就个体而言，终其一生，也不可能知晓所有历史。因此，领导干部要留心从整体上把握历史，用心审视历史的演进脉络。历史非一团乱麻、无章可循，仔细梳理，即可发现其主峰所指，主脉所在。如任何一项制度，都不可能有利无弊，且时间愈久，弊端愈多，终致难以为继，改易更张。创立于隋唐的科举制，其初衷在于打破门第界限，开放政权给更多人，显然符合历史趋势。其后千年，执政者对此制度也不是简单地萧规曹随，而是多有因革损益。宋代鉴于唐时科考流于宽松、作弊频生的问题，规定试卷必须糊名、考试内容聚焦儒家经典，于是制度愈益严格。到了明代，执政者储才理念有了新变化，专设翰林院，由此科举不单可以选拔人才，还被赋予了培养人才的功能。制度日益繁密，流弊随之增多。降至清代，科举制问题已无法回避，清中期关于改革考试制度的议论逐渐兴起。然而争议久久未决，稳妥替代方案迟迟难产，终致科举制在 1905 年仓促落幕，留下了新旧教育机制接轨困难、士绅阶层渐趋消亡等一系列后遗症。可以说,一项科举制,半部中国史。以此为例,可知任何制度都是针对现实而设,同时又蕴含着稳定的内在精神。所以虽其经常处于调整更改之中,但只要不与核心精神相悖,便可以沿袭下去,且持之有效。即使某制度百弊丛生,到了非废不可之际,仍须通盘考虑,拿出妥当方案,以避免急遽变动所引发的动荡与倒退。是故制度之得失利弊,往往很是复杂繁琐,常需历久始见,将其放入通贯的历史脉络之中,才能看得全,看得透。这对于从事各级治理工作的领导干部来说,关联紧密,值得参考。

领导干部读史,须见其大。南宋朱熹认为读史当"当观大伦理、大机会、大治乱得失"①。古代中国并无政治学科,历史实际上承载着提高执政者政治素养的功能。因此古人读史,犹如模拟政治操作的沙盘推演,紧扣大事件,从而扩展胸中之格局与见识。古代王朝,通常逃不出"其兴也勃焉,其亡也忽焉"的历史周期律,作为领导干部,我们自当善于观察这些王朝因何而兴,缘何而亡。特别是要关注一个朝代陷入存亡绝续之际的"大关键处",解剖一只麻雀,总结共性规律,从而达到举一反三的效果。作为唐初名臣,魏征不仅谙熟政治,而且精通历史。他参与主持了梁、陈、北齐、北周、隋五朝历史撰述,并撰写了《梁书》《陈书》《北齐书》的帝纪总论以及《隋书》纪传的全部史论。通过研究前史,魏征提出"鉴国之安危,必取于亡国"的深刻见识,以亡隋为鉴,"则存亡治乱,可得而知。若能思其所以危,则安矣;思其所以乱,则治矣;思其所以亡,则存矣"。并且魏征进一步强调,隋朝的灭亡是一个不断演变的过

---

① (宋)黎靖德编:《朱子语类》卷十一,长沙:岳麓书社,1997年,第176页。

程："迹其衰怠之源,稽其乱亡之兆,起自高祖,成于炀帝,所由来远矣,非一朝一夕","隋之得失存亡,大较与秦相类。"①这种历史洞察力和比较视野,展现了其宏大的关怀,堪为读史见其大的典范。

领导干部读史,须见其远。《吕氏春秋》有云："见之以细,观化远也。"观史当从具体案例中研判大趋势,形成一种长远眼光,这恰是史学致用的鲜明体现。众所周知,作为我们现在日常生活中最平常不过的粮食,番薯和玉米是在 16 世纪末期由南美洲几经辗转传入中国的。殊不知这两种貌似不起眼的农作物,对之后 500 多年的中国历史产生了巨大影响。自清代康熙朝起,随着社会秩序趋于稳定,人口进入激增状态,几乎每百年增加一亿人。这势必造成人口扩张与耕地不足之间的矛盾。迫于压力,清政府于乾隆五年颁布谕令,"嗣后凡边省、内地零星地土可以开垦者,悉听本地民夷垦种,免其升科"②。于是掀起了一股开发、垦殖西北、西南、东南诸省的热潮。番薯、玉米的引进和种植无疑缓和了人口急剧增长带来的粮食需求的紧张。这两种农作物"一亩数十石,胜种谷二十倍",加之番薯"润泽可食,或煮或磨成粉,生食如葛,熟食如蜜,味似荸荠",玉米"生地瓦砾山场皆可植。其嵌石罅尤耐旱,宜勤锄,不须厚粪",③所以在引进后不太长的时间内,在西北和南方广大丘陵旱地迅速上升至主粮的地位。例如河南、江西、安徽等省贫民纷纷携家带口来西南、东南等地拓荒开垦,络绎不绝,某些州府几年内户口骤增数十万。与此同时,正是政府的大力推广,导致人们盲

---

① (唐)吴兢:《贞观政要》卷二,上海:上海古籍出版社,1978 年,第 71 页。
② 《大清会典则例》卷三十五《户部·田赋二》,清文渊阁四库全书本。
③ (清)包世臣:《齐民四术》,合肥:黄山书社,1997 年,第 167 页。

目种植番薯、玉米等农作物,破坏了森林植被,造成了严重的水土流失和土地贫瘠,清人汪士铎就曾慨叹:"山顶已植黍稷,江中已有洲田,川中已辟老林,苗洞已开深菁,犹不足养,天地之力穷矣!"①最终带来了整个生态系统的恶化,反过来影响了经济的持续发展。由此可见,任何一项决策,皆须立足长远,倘只顾眼前,畸形发展,到头来必将贻害后世。是故以史为鉴,吸取教训,才能保证事业立得住,行得稳、走得远、信得过。

领导干部读史,须见其深。《易经》中讲"君子以多识前言往行,以畜其德",南朝史学家裴松之对此话的感悟是:"畜德之厚,在于多识往行"。也就是说,读史不仅明智,更能修德。读史读到深处或渐入佳境之时,人们在意的往往不再是某人某事,一得一失,而是形成一种共情效应,专注于追求与思索蕴含在史籍背后的德行和传统,一番淬炼、体悟后,最终内化为个人的心智修养。经此过程,读史者变化了气质,净化了心志,无论是看过去、当下还是未来,不抱偏见,不作武断,不凭主观,不求速达,这正是习近平总书记贺信中所指出的史学"资政育人"的作用。该过程其实并不玄妙,领导干部只要沉潜史书之中,悉心品味,定能通过涵养政德,收到明大德、守公德、严私德之效果。

清代学者张惠言有句名联曰:"上古下今,所思不远,诵经绎史,其乐在斯。"历史是从昨天走到今天再走向明天,历史的联系是不可能割断的,人们总是在继承前人的基础上向前发展的。古今中外,概莫能外。一个民族、一个国家及其事业有无前途,其前途

---

① (清)汪士铎:《汪悔翁乙丙日记》卷三,明斋丛刻本。

何在,都可从历史中探寻追溯。这是读史的意义所在。因此广大领导干部应当心怀温情与敬意,于阅读和思考中知古鉴今、古为今用,形成强烈的历史感,在认识和处理现实问题中充分发挥历史知识应有的积极作用。

## 四、关于百年党史学习教育的四点思考

毛泽东同志在 1942 年所做题为《如何研究中共党史》的报告中,开宗明义地指出:"如果不把党的历史搞清楚,不把党在历史上所走的路搞清楚,便不能把事情办得更好。"①可见我们党历来重视党史学习教育,充分发挥其以古鉴今、资政育人的独特作用,从而为一代代中国共产党人的奋斗事业和红色基因传承提供极其丰厚的历史支撑和源源不竭的精神资源。

在 2021 年 2 月 20 日的党史学习教育动员大会上,习近平总书记指出:"要教育引导全党胸怀中华民族伟大复兴战略全局和世界百年未有之大变局,树立大历史观,从历史长河、时代大潮、全球风云中分析演变机理、探究历史规律,提出因应的战略策略,增强工作的系统性、预见性、创造性。"通过学习教育活动,全党同志"要做到学史明理、学史增信、学史崇德、学史力行"。② 这就为全党开展党史学习教育活动定下了主基调,提出了高质量的新要求:要用大历史观来系统学习百年大党的奋斗历程、深入把握党一步步创造

---

① 中共中央党史和文献研究院编:《毛泽东、邓小平、江泽民、胡锦涛关于中国共产党历史论述摘编》,北京:中央文献出版社,2021 年,第 23—24 页。
② 习近平:《在党史学习教育动员大会上的讲话》,《求是》2021 年第 7 期。

辉煌的规律所在。

所谓"大历史观"，简言之，意味着我们要秉持一种整体化的文明思维与历史意识，在回顾往昔、直面现在、开创未来的维度上，在立足中国、环顾世界、纵贯古今的视野中，考察和阐释我们中国共产党的发展进程。具体到百年光辉历程，我们必须将其置于悠长深厚的文明演进与思潮变迁的脉络之中，由重温信仰、把握大势、坚定宗旨、应对挑战、传承精神、增强团结等多方面去追根溯源、综合比较，才有可能从这一幅雄壮斑斓的百年画卷中提炼出历久弥新、值得资鉴的历史意义和时代价值。

由上可知，此基调极其重要，该要求非常之高，这与我们党所身处的历史时刻密不可分。正如习近平总书记所讲，此次党史学习教育，"是党中央立足党的百年历史新起点、统筹中华民族伟大复兴战略全局和世界百年未有之大变局、为动员全党全国满怀信心投身全面建设社会主义现代化国家而作出的重大决策"①。于此继往开来、风云变幻的历史节点上，进行新一轮党史学习教育，有四个方面需要着重把握。

第一，不能仅就百年学党史，应在更纵深的维度中把握党的历史地位。毫无疑问，中华民族是"历史的民族"，恰如毛泽东同志的评价："历来中国人没有写回忆录的习惯，中国人喜欢写历史。"②先秦以来，历代史乘不绝。尤其自西汉司马迁编纂《史记》始，几乎每个王朝定鼎中原后，都会修前朝之史，于是代代相承，二

---

① 习近平：《在党史学习教育动员大会上的讲话》，《求是》2021 年第 7 期。
② 中共中央党史和文献研究院编：《毛泽东、邓小平、江泽民、胡锦涛关于中国共产党历史论述摘编》，北京：中央文献出版社，2021 年，第 62 页。

十五史遂成为国之大典。毛泽东同志曾讲:"今天的中国是历史的中国的一个发展;我们是马克思主义的历史主义者,我们不应当割断历史。"①习近平总书记也强调:"历史是一面镜子,鉴古知今,学史明智。重视历史、研究历史、借鉴历史是中华民族 5000 多年文明史的一个优良传统。当代中国是历史中国的延续和发展。"②换言之,中国共产党一百载的奋斗历程,当今中国特色社会主义事业的伟大实践,都是深深根植在 5000 多年中华文明赓续不辍的延长线上,是中国历史大树结出的硕果。因此,我们学习党史,应当将 100 年置于 5000 年的历史进程中,置于 180 年摆脱屈辱、探寻光明的近代史中。

中国特色社会主义道路是在对中华民族 5000 多年悠久文明的传承中走出来的,具有深厚的历史渊源。贯通古今的纽带,才能更精准地掌握中国共产党的百年演进轨迹和精神道统。作为中国优秀传统文化的忠实继承者和弘扬者,中国共产党人无论走得多远,都不能忘记来时的路,学习党史须将百年艰苦奋斗与五千年的延续不绝融为一体,从更为宏观的视野去考察中国共产党同中国历史和文化传统的血脉关系,越发意识到"解决中国的问题只能在中国大地上探寻适合自己的道路和办法。数千年来,中华民族走着一条不同于其他国家和民族的文明发展道路。我们开辟了中国

---

① 中共中央党史和文献研究院编:《毛泽东、邓小平、江泽民、胡锦涛关于中国共产党历史论述摘编》,北京:中央文献出版社,2021 年,第 12 页。
② 习近平:《致中国社会科学院中国历史研究院成立的贺信》,《人民日报》2019 年 1 月 4 日。

特色社会主义道路不是偶然的,是我国历史传承和文化传统决定的"①。进而自觉从中汲取可供新征程借鉴的核心文化基因和国家治理经验,深刻把握人类发展历史规律,在对历史的深入思考中汲取智慧、走向未来。

中国特色社会主义道路是在对近代以来 180 年中华民族发展历程的深刻总结中走出来的,具有广泛的现实基础。深知近代的屈辱,才能更清醒地体悟中国共产党人的百年不渝初心和历史使命。1941 年,毛泽东同志在《改造我们的学习》中指出:"对于自己的历史一点不懂,或懂得甚少,不以为耻,反以为荣。特别重要的是中国共产党的历史和鸦片战争以来的中国近百年史,真正懂得的很少。"②众所周知,一部近代史,其变迁趋势就像一幅"U"字形图,经历了由"沉沦"到"上升"的浴火重生,自粤海炮响,林则徐的"开眼看世界"主张少人呼应,洋务运动功败垂成,戊戌变法百日而夭,辛亥革命难孚众望。历史走到了 1919 年,中华民族的命运也跌至谷底,此时一场浩大深远的五四运动爆发,中国共产党自此孕育而生,近代中国进入了新民主主义革命时期。近代史如同昨天,堪称是"雄关漫道真如铁",遭受苦难之重、付出牺牲之大,皆是世所罕见。立足今天,诚可谓"人间正道是沧桑",道路选择历尽艰辛,成果取得来之不易。放眼明天,有道是"长风破浪会有时",中华民族伟大复兴是近代 180 年中华儿女们梦寐以求、矢志不渝的目标,

---

① 习近平:《牢记历史经验历史教训历史警示 为国家治理能力现代化提供有益借鉴》,《人民日报》2014 年 10 月 14 日。

② 毛泽东:《改造我们的学习》,《毛泽东选集》第三卷,北京:人民出版社,1991 年,第798 页。

只有在回望这段屈辱与抗争的历史中,我们才能愈发坚信中国共产党的领导是历史的必然选择,愈加明白落后就要挨打、发展才能自强的不变道理,愈能在重温初心、肩负使命中不断接近伟大复兴的光明前景。

第二,不能仅就中国学党史,应在更广阔的视野中比较世界变局的趋向。习近平总书记常讲:当今"世界处于百年未有之大变局"。以此论断观照百年党史,中国共产党从诞生之日起,无时无刻不是在风云激荡、变幻莫测的中外变局中攻坚克难、一路走来的。早在延安时期,毛泽东同志就倡导采用"全面的历史的方法"来研究党史,即"古今中外法","就是弄清楚所研究的问题发生的一定的时间和一定的空间,把问题当作一定历史条件下的历史过程去研究。所谓'古今'就是历史的发展,所谓'中外'就是中国和外国,就是己方和彼方"①。习近平总书记也曾强调"正确处理中国和世界的关系,是事关党和国家事业成败的重大问题"②。在一百年的奋斗中,我们党始终以马克思主义基本原理分析把握历史大势,正确处理中国和世界的关系,善于抓住和用好各种历史机遇。因此学习党史,应从世界百年风云激荡与中国的因应和参与、波澜壮阔的 500 年世界社会主义进程与中国共产党的位置与贡献两个视角来把握中国与世界的关系。

中国是世界之中的中国,世界是中国在场的世界。众所周知,中国历史上曾长期是世界经济强国,甚至对外贸易在较长时段处

---

① 中共中央党史和文献研究院编:《毛泽东、邓小平、江泽民、胡锦涛关于中国共产党历史论述摘编》,北京:中央文献出版社,2021 年,第 25 页。
② 习近平:《在党史学习教育动员大会上的讲话》,《求是》2021 年第 7 期。

于顺差状态。然而伴随第一、二次工业革命在西方的发生,传统中国的治理者没有意识到这一深刻变革年代的降临,于是最终致使中国陷入积贫积弱、任人宰割的危机。"十月革命一声炮响,给我们送来了马克思列宁主义"①,这就是彼时的世界大势。1921年中国共产党顺应时势,应运而生,走在了时代前列,成为弄潮儿。1949年10月1日,中华人民共和国的成立,也是顺应世界大势的产物。放眼当时之世界,社会主义苏联发展壮大,东欧成为社会主义的天下,亚非拉被压迫民族的解放运动风起云涌,正所谓"东风压倒西风"。新中国恰是沐浴在这和煦东风之中,也借此东风站稳脚跟。1978年改革开放也是世界大势之催生结果。邓小平同志曾讲:"根据对世界大势的这些分析,以及对我们周围环境的分析,我们改变了原来认为战争的危险很迫近的看法。"②由于我们党正确研判了世界大势,确立了和平和发展是时代主题的认识,遂有了党和国家工作中心的转移,才有了40多年改革开放的历史新时期。

虽然当今"世界处于百年未有之大变局",但时与势在我们一边,这是中国共产党定力和底气所在,也是我们的决心和信心所在。同时,必须清醒看到,当前和今后一个时期,虽然我国发展仍然处于重要战略机遇期,但机遇和挑战都有新的发展变化,机遇和挑战之大都前所未有,总体上机遇大于挑战。这势必要求党员干部"结合党的十八大以来党和国家事业取得历史性成就、发生历史性变革的进程,深刻学习领会新时代党的创新理论,坚持不懈用党

---

① 《毛泽东选集》第四卷,北京:人民出版社,1991年版,第1471页。
② 习近平:《论中国共产党历史》,北京:中央文献出版社,2021年,第18—19页。

的创新理论最新成果武装头脑、指导实践、推动工作"①。可见为了更好应对前进道路上各种可以预见和难以预见的风险挑战，必须从历史特别是党史中获得启迪，从历史经验中提炼出克敌制胜的法宝。

与此同时，百年党史又与 500 年世界社会主义进程同频共振、一脉所承。社会主义是人类文明历史发展的产物，是迄今为止人类最美好的社会理想，为人类开辟了崭新的发展道路。以 1516 年托马斯·莫尔的《乌托邦》出版为标志，世界社会主义已走过 500 年的求索历程。风风雨雨来时路，站在世界社会主义 500 年的源头举目眺望中国特色社会主义的发展轨迹，无疑有助于厘清和深化对"只有社会主义才能救中国，只有中国特色社会主义才能发展中国"的理论逻辑、历史逻辑与实践逻辑的理解和把握，也更让我们坚信：在新时代，中国共产党人把马克思主义基本原理同新时代中国具体实际结合起来，团结带领人民进行伟大斗争、建设伟大工程、推进伟大事业、实现伟大梦想，推动党和国家事业取得全方位、开创性历史成就，发生深层次、根本性历史变革，中华民族迎来了从富起来到强起来的伟大飞跃。这一伟大飞跃以铁一般的事实证明，只有坚持和发展中国特色社会主义才能实现中华民族伟大复兴！

第三，不能仅就历史学党史，应在更多元的学科中探寻党的成功密码。一部百年党史所蕴含的，又不单是时空交织的历史画卷，其中所涵括的道路探索、理论精髓、制度优势、发展模式等等，皆需

---

① 习近平：《在党史学习教育动员大会上的讲话》，《求是》2021 年第 7 期。

要我们通过众多学科的合力,方能读懂并解释。恰如毛泽东同志当年所建议的,"政治局委员要懂得一点历史,不仅中国史、世界史,分门别类的政治史、经济史、小说史也要懂一点。从乌龟壳到共产党这一段历史应该总结"①。

党史不仅是最好的教科书,更是一部百科全书。其所承载的内容,正是千千万万中国共产党人的伟大精神和集体智慧。基于此,我们理当深入历史的情境与语境之中,细细品味原著原文,力求以多学科的视角深刻领会中国共产党成功推进革命、建设、改革的宝贵经验,从而坚定四个自信,自觉由政治、经济、文化、社会、生态等角度真正从党的百年历史中汲取智慧和力量。

第四,不能关起门来学党史,应在更丰富的形式中体验党史的魅力。一部百年党史,犹如一泓清水,绵延不绝,汇流成海;恰似一棵山松,挺拔屹立,雪后长青。可以说,这是鲜活的百年历程,也是磅礴的不朽篇章。因此,于日常党史学习教育中,不妨试着暂离书本,走出课堂,在多种形式的体验式、沉浸式、案例式学习中亲临现场、体悟历史,最终实现以党史触及灵魂,以党史浸润人心,以党史强基赋能的效果。

中国革命历史是最好的营养剂。南湖红船,令人知筚路蓝缕之艰辛,坚守初心之可贵;井冈山上,令人晓走向农村之正确,星火燎原之不易;宝塔山下,令人叹万里长征之奇迹,窑洞岁月之伟大;西柏坡镇,令人明胜利前夕之时局,"两个务必"之要义。这种现场体验式的党史学习,往往能起到意想不到的作用。

---

① 中共中央党史和文献研究院编:《毛泽东、邓小平、江泽民、胡锦涛关于中国共产党历史论述摘编》,中央文献出版社2021年,第62页。

中国精神是社会主义文艺的灵魂。在互联网技术和新媒体改变文艺形态，催生新的文艺类型的时代，我们更应当借助多种艺术形式讲好百年大党的故事，比如2021年热播的《觉醒年代》所产生的"破圈"现象，无数的青少年观众看后大呼"舍不得快进一秒钟""为什么我看的时候总是满含热泪"，都说明蕴含中国精神、革命文化的好作品总能震撼人心、直击灵魂，使人热血沸腾，为中国共产党深感自豪。所以要鼓励创作党史题材的文艺作品特别是影视作品，抓好青少年学习教育，让红色基因、革命薪火代代传承。

"度之往事，验之来事，参之平素，可则决之。"只有树立纵深而广阔的大历史观，才能在高质量学习党史的过程中，将这极不平凡的一百年看得更清、追得更远、思得更明、悟得更透，也才能从灵魂深处明原理、增自信、崇大德、力真行，汲取百年伟大历程中的丰厚滋养。

## 五、中华民族共同体意识的历史文化优势

2021年8月，习近平总书记考察河北承德，在参观《望长城内外——清盛世民族团结实录》展时，一幅展现土尔扈特部万里东归的示意图，吸引了总书记的目光。每读这段历史，我们都依然感受到当年热血沸腾的英雄气概。

通过万里东归的壮举，我们需要深刻理解习近平总书记在考察时所说的："土尔扈特部都去了100多年了，最终还是义无反顾要回到祖国，这真正体现了我们中华民族的影响力和向心力。"①

---

① 习近平：《贯彻新发展理念弘扬塞罕坝精神 努力完成全年经济社会发展主要目标任务》，《人民日报》2021年8月26日。

　　万里东归,青史名扬。一个半世纪前,土尔扈特人心系祖国热土,毅然万里东归,展现了蒙古族土尔扈特部对中国的拳拳赤子之心,彰显了以爱国主义为核心的伟大民族精神。

　　游子出走,百倍艰辛。土尔扈特部源自历史上的克烈惕部,其早期历史可上溯到公元 8 世纪的九姓鞑靼。明末清初,属于厄鲁特蒙古四卫拉特之一的土尔扈特部由于不堪忍受蒙古王公之间的内部纷争,于是向西迁移,最终来到伏尔加河流域。那时,伏尔加河流域还是一片荒芜的地区,地域广袤,水草丰盛。土尔扈特部来到后,便在河的南北两岸定居下来。他们逐水草牧放牲畜,开荒种田,修建棚舍,用辛勤的劳动开发了这块辽阔的土地,用汗水浇灌了这片漠漠荒原,在这里重建了自己的家园,过着幕帐林立、羊肥马壮、牲畜遍野、粮食充足的富饶生活。虽然身处异乡,土尔扈特人依旧心系故土,比如清康熙五十一年(1712),康熙皇帝派出图理琛使团慰问土尔扈特部。在宴请图理琛使团时,土尔扈特部首领阿玉奇说:"(土尔扈特部)衣服帽式,略与中国同;其俄罗斯乃衣服、语言不同之国,难以相比。"可见土尔扈特部曾频频与清政府遣使朝觐,驿马不绝。

　　然而好景不长,17 至 18 世纪正值沙皇俄国崛起、大肆扩张之时,身处异乡的土尔扈特人备受沙俄统治者的剥削和压迫。摆在土尔扈特部民面前的选择无非两种:要么继续任凭沙俄摆布,最终落得个族灭人亡的下场;要么奋起反抗,回归祖国的怀抱。年轻的部族领袖渥巴锡召集各部头领商议对策,其间,渥巴锡慷慨陈词:"我们土尔扈特人在异国他乡,就像孤苦伶仃的孤儿,横遭俄国人的奴役和欺凌。为了子孙后代,我们一定要立即行动,回到太阳升起的祖国!"参会的头领们深受渥巴锡言辞的感染,于是异口同声地吼道:"我们的子孙永远不当奴隶,我们要回到太阳升起的地方!"经过谋划,1771年1月4日,渥巴锡决定于伏尔加河结冰之时集合部众启程归国。

归国之途,何其艰难! 一路上,土尔扈特部穿越险峻山川、浩瀚沙漠,冲破沙俄军队的追赶拦截,历经艰难困苦,经过半年,终于抵达伊犁河流域,回到祖国怀抱,但一路损失严重,当时新疆、甘肃、陕西、宁夏及内蒙等地的各族人民,以大量物资供给土尔扈特,帮助土尔扈特人民渡过了难关,在祖国的故土上"皆安居得所","俾得以所至如归"。

当年秋天,乾隆皇帝在承德避暑山庄多次接见并宴请渥巴锡等人,渥巴锡将祖传腰刀进献给乾隆皇帝。土尔扈特东归壮举历时7个月,行程万余里,死伤近9万人,震动了当时的中国与西方世界,正如爱尔兰作家德尼赛在《鞑靼人的反叛》一书中所说的:"从有最早的历史记录以来,没有一桩伟大的事业能像上个世纪后半期一个主要鞑靼民族跨越亚洲草原向东迁徙那样轰动于世,那样令人激动的了。"他们的行动也给后人留下许多启示:在一个多民族的国家中,任何一个民族想要发展、壮大都必须同祖国同呼吸、共命运;离开了祖国的怀抱,在势单力薄的情况下必将最终沦为别国的附庸。

以史为鉴,启示甚多。正如习近平总书记在参观时所指出的,"我国是统一的多民族国家,在漫漫历史长河中形成了多元一体的中华民族"。这种深厚紧密的中华民族共同体意识是割不断的、打不散的。实践反复证明,"只有中国共产党才能实现中华民族的大团结,只有中国特色社会主义才能凝聚各民族、发展各民族、繁荣各民族。要坚持中国共产党领导,坚持走中国特色解决民族问题的正确道路,全面贯彻党的民族理论和民族政策,不断巩固和发展平等团结互助和谐的社会主义民族关系"①。

追随习近平总书记的脚步,我们进一步了解到地处京师和塞北之间的承德见证了中国多民族统一国家的形成,留下一段段"合内外之心,成巩固之业"的民族团结佳话,承德避暑山庄及其周围寺庙,正是清代为实现团结边疆少数民族、巩固统一而修建的。

由此我们可以深刻感受到博大精深、渊源有自的中华传统文化,对增进民族团结有着无可替代甚至是独一无二的意义。

避暑山庄,底蕴深厚。在参观时,习近平总书记指出,避暑山庄"在民族交往交流交融、宗教与社会相适应、传统文化保护和传承、人与自然和谐相处等方面具有重要历史价值和时代意义"②。作为中国最后一个封建王朝在塞外精心营造的皇家园林,避暑山庄不仅昭示着皇家园林的气度与非凡,不仅体现了中国建筑的雄伟与瑰丽,还凝结着中华民族血浓于水的文化认同,还蕴含着中华文明绵延不绝的文化基因。

五千多年的中国历史之所以伟大深厚,关键在于它是由众多民族携手塑造的,久经磨难的中华民族之所以能够风雨过后重见彩虹,也与各民族的众志成城密不可分。其中"大一统"思想就是

---

① 习近平:《贯彻新发展理念弘扬塞罕坝精神 努力完成全年经济社会发展主要目标任务》,《人民日报》2021 年 8 月 26 日。

② 习近平:《贯彻新发展理念弘扬塞罕坝精神 努力完成全年经济社会发展主要目标任务》,《人民日报》2021 年 8 月 26 日。

典型的关键理念。

纵观历史,渊源有自。大一统传统之形成与完善,大致经历了五个重要阶段:先秦、秦汉魏晋南北朝、隋唐、宋元及明清。

清乘前制,多有创新。作为统治中国的少数民族王朝,清朝统治集团特别重视对边疆地区特别是西北、西南地区的管辖与治理。清雍正帝自命"所承之统,尧舜以来中外一家之统也;所用之人,大小文武中外一家之人也;所行之政,礼乐征伐中外一家之政也"①。并且将该理念成功灵活地运用在处理边疆民族关系和多元文化当中。清朝对西藏和蒙古等边疆少数民族及文化习俗,深入了解,精心谋划,诸如采取"金瓶掣签"、满蒙联姻、盟旗制度、内外札萨克、王公封爵、驻藏大臣、回疆伯克制、改土归流、避暑山庄外八庙、木兰行围等政策,因地制宜,因势利导,可谓成效卓著。应该说,清朝的开疆拓土与治理,奠定了现在我们通常所讲的中华民族的主要民族构成成分和领土范围,可谓功不可没。

总之,这一系列具体做法的层层积淀,便深深地将许多宝贵的中华文明的文化基因镌刻于中华民族共同体意识之中,"大一统"思想只是众多理念之一。同时,这也是各民族文化习俗交流交融、汇聚一体的过程。所以在中央民族工作会议上,习近平总书记强调:"正确把握中华文化和各民族文化的关系,各民族优秀传统文化都是中华文化的组成部分,中华文化是主干,各民族文化是枝叶,根深干壮才能枝繁叶茂。"②

---

① 《清世宗实录》卷一三〇,雍正十一年四月己卯。
② 《习近平在中央民族工作会议上强调:以铸牢中华民族共同体意识为主线,推动新时代党的民族工作高质量发展》,《人民日报》2021年8月29日。

　　从文化的角度,我们更应当深刻领会到,习近平在中央民族工作会议上强调铸牢中华民族共同体意识,构筑中华民族共有精神家园,其现实意义极其重要。

　　生死与共、命运与共。习近平总书记在中央民族工作会议上指出:"做好新时代党的民族工作,要把铸牢中华民族共同体意识作为党的民族工作的主线。铸牢中华民族共同体意识,就是要引导各族人民牢固树立休戚与共、荣辱与共、生死与共、命运与共的共同体理念。"①作为重中之重的中华民族共同体意识,它既是来自历史的,也是立足当下的,更是面向未来的。

　　中华民族共同体意识具备深远的历史基础。正是在五千多年的各民族交往与融合当中,我们形成了亲仁善邻、协和万邦的处世之道,惠民利民、安民富民的价值导向,革故鼎新、与时俱进的精神气质,道法自然、天人合一的生存理念。在此之上,于漫长而剧烈的历史变迁大潮中,我们形塑了中华民族共同体意识。因此,铸牢中华民族共同体意识,就"必须坚持正确的中华民族历史观,增强对中华民族的认同感和自豪感"②。

　　其次,中华民族共同体意识有着亟迫的现实需求。毫无疑问,就国情而言,中国的现代化发展道路、中国特色社会主义与中华民族的伟大复兴以一种有机的关联,相互交织,相互影响,三者紧密互动;从世情审视,我国处于近代以来最好的发展时期,世界处于

---

① 《习近平在中央民族工作会议上强调:以铸牢中华民族共同体意识为主线,推动新时代党的民族工作高质量发展》,《人民日报》2021 年 8 月 29 日。

② 《习近平在中央民族工作会议上强调:以铸牢中华民族共同体意识为主线,推动新时代党的民族工作高质量发展》,《人民日报》2021 年 8 月 29 日。

百年未有之大变局,两者同步交织、相互激荡,势必面临着来自各方面危害民族团结、民族利益的风险与隐患。因此,"只有铸牢中华民族共同体意识,构建起维护国家统一和民族团结的坚固思想长城,各民族共同维护好国家安全和社会稳定,才能有效抵御各种极端、分裂思想的渗透颠覆,才能不断实现各族人民对美好生活的向往,才能实现好、维护好、发展好各民族根本利益"[①]。

再次,中华民族共同体意识有着崇高的未来指向。正如习近平总书记在庆祝中国共产党成立 100 周年大会上所指出的,近代以降,"实现中华民族伟大复兴,就成为中国人民和中华民族最伟大的梦想"。时至今日,中华民族伟大复兴进入了不可逆转的历史进程。面向未来,"只有铸牢中华民族共同体意识,才能有效应对实现中华民族伟大复兴过程中民族领域可能发生的风险挑战,才能为党和国家兴旺发达、长治久安提供重要思想保证"[②]。

民族自强,文化为魂。文化是一个民族的魂魄,文化认同是民族团结的根脉,中华民族共同体意识即伟大民族精神中最内核且最深邃,最柔软又最稳固的精神纽带。各民族因它的存在而同呼吸、共命运、心连心,其意义不言而喻。将铸牢中华民族共同体意识作为新时代党的民族工作之"纲",关乎全局,关乎未来,可谓极端重要,必须深入学习与领悟。

---

① 《习近平在中央民族工作会议上强调:以铸牢中华民族共同体意识为主线,推动新时代党的民族工作高质量发展》,《人民日报》2021 年 8 月 29 日。
② 《习近平在中央民族工作会议上强调:以铸牢中华民族共同体意识为主线,推动新时代党的民族工作高质量发展》,《人民日报》2021 年 8 月 29 日。

# 第四章　历史智慧

　　虽然江山代有鼎革,国策屡经变迁,然各种宝贵的历史智慧从未退场,且深深渗透于各类制度里,沉淀为一种制度精神。我们考察传统中国的治理经验,既要看到几千年中制度更迭的趋势与轨迹,更应关注其中历久不变的内容,此正是最值得我们当前推进国家治理体系和治理能力现代化时所借鉴和反思之处。这也是为何中国共产党在新时代反复强调中国特色社会主义制度和国家治理体系"植根中国大地、具有深厚中华文化根基"的缘由所在。

## 一、"德主刑辅,道一风同":中华传统德治理念与实践

　　德国著名哲学家卡尔·雅斯贝尔斯在 1949 年出版的著作《历史的起源与目标》中,提出了后人耳熟能详的"轴心时代"理论。所谓"轴心时代",大致意即公元前 800 至公元前 200 年之间,尤其是公元前 600 至前 300 年间,在北纬 25 度至 35 度区间,人类文明精

神的重大突破时期。在轴心时代里,各个文明都出现了伟大的精神导师,他们提出的思想原则塑造了不同的文化传统,也一直影响着人类的生活。这个时期,正是中国政治文化变迁的大关键阶段,恰如王国维先生所言,"中国政治与文化之变革,莫剧于殷、周之际。"①作为该阶段制度文明的奠基者,周公制礼作乐,将"明德慎罚"确立为周朝立国指导标准,并演变为后世治国理政最核心的思想原则之一。

"明德",就是提倡崇尚与敬畏德性;"慎罚",就是刑法适中,不乱罚无罪,不滥杀无辜。德是罚的指导,罚是德的辅助,二者主次虽有别,但缺一不可。此主张实对之后两千多年的古代治国方略产生了深远影响。继之而起,孔子、孟子、荀子、贾谊、董仲舒等诸大儒对该主张不断加以诠释、完善、充实与创新,形成了以"德主刑辅、以德化人"为特质的德治理念。

春秋时期,周公所指定的那一套礼乐秩序失灵并趋于崩溃。遭此世变,孔子倡导为政以德,刑法为助。按照萧公权先生的说法,"孔子所举之治术有三:曰养、曰教、曰治。养教之工具为'德''礼',治之工具为'政''刑'"②。换言之,在孔子视阈中,德是第一位,他主张"亲亲"与"举贤"相结合,不可偏废,故而他听闻晋国执政魏舒选贤与能,称赞其"近不失亲,远不失举,可谓义矣"。同时,孔子口中之"德",更多是君子之"德",更多侧重强调当政者应具备的素养,所以为政以德贵在当政者以身作则,他当年告诫鲁国大夫季康子道"政者,正也。子帅以正,孰敢不正",即是此意。由政德

① 王国维:《殷周制度论》,《观堂集林》,北京:中华书局,1959 年,第 451 页。
② 萧公权:《中国政治思想史》,北京:中国人民大学出版社,2014 年,第 42 页。

不断向外延伸，必然涉及与刑罚的关系问题。对此，孔子态度极为明确，德可以防患于未然，而刑只能惩办于犯罪后，依据此先后逻辑，他认为应先教后诛，先德后刑。"不教而杀谓之虐"，实属非常不道德不理智的治理方式。也正是基于该思想原则，孔子强调当政者须重视教化，"上好礼，则民莫敢不敬；上好义，则民莫敢不服；上好信，则民莫敢不用情。夫如是，则四方之民襁负其子而至矣"。这就是教化所结之善果。与之衔接，刑罚亦不可废弛，当秉持"宽猛相济"的原则。当时郑国盗贼猖獗，统治者出兵剿灭，最终"尽杀之"。就此事件，孔子并没有进行谴责，反而夸奖道"善哉！政宽则民慢，慢则纠之以猛。猛则民残，残则失之以宽。宽以济猛，猛以济宽，政是以和"。正所谓"张而不弛，文武弗能也；弛而不张，文武弗为也。一张一弛，文武之道也"。可知孔子对于德刑二者关系问题的理解，是很透彻的。既然刑罚乃不得已而为之措施，那么更应谨慎，孔子于是提倡刑罚适中，毕竟"礼乐不兴，则刑罚不中，刑罚不中，则民无所措手足"，倘聚敛无度，严刑滥法，会使本已混淆的秩序更加不堪，故当政者理应执法时不枉不纵、公平无私。尚德，崇教，垂范，秉公，孔子的学说可谓将"明德慎罚"理念推进了一大步。

身为孔子私淑门徒，孟子俱传孔氏之学，在德刑关系上大体上亦步亦趋，认为实施仁政的枢纽所在"惟仁者宜在高位。不仁而在高位，是播其恶于众也"，因而国君应尊贤能、省刑罚、薄税敛、重教化。到了战国末年，荀子兼采法家，集儒家学说于大成，对儒法问题有了新的发挥。荀子承继孔孟礼治思想，同时讲求礼法合用。他承认借助礼义教化，可以达到"赏不用而民劝，罚不用而民服"的效果,然而天下毕竟仍有教而不化之徒,这就需用法律和刑罚来加以裁断。因此,荀子主张执法必须果决,"不教而诛,则刑繁而邪不胜;教而不诛,则奸民不惩",如此先礼后刑、先教后诛,才可使"民归之如流水","刑一人而天下服",实际上体现了他隆礼重法、王霸并用的思想倾向。

历史的轨迹往往不会依照思想家拟定的学说而运行。秦朝以吏为师,采用法家学说,一统天下,以儒家为代表的德治思想并未成为主流。不过暴秦二世而夭的教训,引发了汉代当政者的思考。比如汉初的贾谊,就深刻认识到德刑不可对立,"仁义恩厚,人主之芒刃也;权势法制,人主之斤斧也","若夫庆赏以劝善,刑罚以惩恶,先王执此之政,坚如金石;行此之令,信如四时;据此之公,无私如天地;岂顾不用哉?"因此必须德刑并施,礼法共用,"夫礼者禁于将然之前,而法者禁于已然之后",仍以德治为主。经过数代学者的不断思考和积淀,"德主刑辅"理念到了汉武帝时代臻于成熟,总其成者是董仲舒。董氏鉴于秦亡教训,做了一个形象的比喻,汉初政治凋敝不堪,"今汉继秦之后,如朽木、粪墙矣,虽欲善治之,亡可奈何"。因此必须改革,其中关键举措就是将儒家德治理念引入治国理政的主流原则当中。董仲舒的主张可简括为一句:"任德不任刑"。一方面,他认为所谓德治不是强求百姓成为圣人,而是要求统治者须有政德,如此由正君主、正朝廷逐渐正百官、正万民,"以渐而至"。另一方面,在社会治理领域并非全然不顾刑罚,"庆赏刑罚之不可不具也,犹春夏秋冬不可不备也"。二者犹如鸟之两翼,不可偏颇。要之,董仲舒所主张的"任德不任刑"并不打算在刑事层面细究教化与刑罚的作用孰轻孰重,而是针对当时"刑治"思想中所遗留的暴秦因素,进行彻底清算,从而恢复儒家"德治"之传统。"德主刑辅"理念也在这一系列清理与重塑的过程中,上升为一千多年来传统王朝治国理论的核心原则。

从西周到西汉,虽然德治理念多有嬗变,不过其核心内容无非三方面。其一,立德政。"名不正,则言不顺。言不顺,则事不成。事不成,则礼乐不兴。礼乐不兴,则刑罚不中。"德治的首要与根本目标就是要论证现实政治的合法性与正当性,这势必要规范既有的统治集团。于是,儒家用史书写作明定是非、褒贬君王,凭礼义规定秩序、界定君臣,以王道确定谁是正统,谁是僭越。其二,行德治。学说必须赋予制度之中,才能发挥真实效应。具体而言,即要求当政者实行仁政,轻徭薄赋,杜绝严刑峻法,等等。其三,施德教。孟子曾曰:"善政,民畏之;善教,民爱之。善政得民财,善教得民心。"实施良善的教化固然是为了化民成俗,提高百姓道德素质,然而儒家提倡德教的立足点依旧是当政者,他们首先要勇于垂范,做出表率,才能在社会治理层面实现成风化人、润物无声的状态。

治道虽好,更需落实到治术之中,最终达致道与术的贯通。"德主刑辅"升为治国理念后,为后代帝王所沿用,但实际历朝具体贯彻时差别甚大,因此导致的结局也大不相同。隋初制定《开皇律》时,隋文帝杨坚就敕令尚书左仆射高颎等人要坚持将"导德齐礼"思想作为官方道德规范注入法律之中。不过现实中文帝本人并没有贯彻"德主刑辅"的理念,而是滥施淫威,甚至出台"盗一钱以上皆弃市……此后又定制,行署取一钱以上,闻见不告言者,坐至死"①的法令,致使人人自危,冤狱不绝。待到唐太宗李世民在位时,深刻意识到"德主刑辅"的合理性,在总结历史经验时说:"朕看古来帝王,以仁义为治者,国祚延长;任法御人者,虽救弊于一时,败亡亦促。"②可见他认识到一代统治周期之长短,德、法二者所起作用不同,长久延续以德,振衰起弊用法,故刚柔并济、德法兼采方是治国正道。所以李世民一方面倡导减免赋税、与民休息,另一方面对待作乱犯法之辈绝不姑息,比如皇叔江夏王李道宗因"坐赃下狱",受到了"免官、削封邑"的严惩。贞观之治的出现,与该种执政理念密切相关。

自西周提出,"德主刑辅"理念一直贯穿于历代治国实践当中,虽然江山代有鼎革,国策屡经变迁,此原则从未退场,且深深渗透于各类制度里,沉淀为一种制度精神。我们考察传统中国的治理经验,既要看到几千年中制度更迭的趋势与轨迹,更应关注其中历久不变的内容,此正是最值得我们当前推进国家治理体系和治理能力现代化时所借鉴和反思之处。这也是为何十九届四中全会报告中强调中国特色社会主义制度和国家治理体系"植根中国大地、具有深厚中华文化根基"的缘由所在。

## 二、"六合同风,九州共贯":中国古代大一统传统及其演变

　　西汉元光元年(前134)五月,汉武帝刘彻诏令各郡国举孝廉,

---

① (唐)魏征等撰:《隋书》卷二十五《刑法志》,北京:中华书局2017年,第714页。
② (唐)吴兢:《贞观政要》,北京:中华书局,2011年,第563页。

策贤良,就国家内外大政问计于天下英才。彼时汉朝政局走向恰处于变动的拐点。就在上一年,一贯主张以黄老之术治国的太皇太后窦氏刚驾崩,同时围绕是否出兵百越安靖边疆问题,汉武帝与淮南王刘安进行了一场激烈辩论,强调"汉为天下宗,操杀生之柄,以制海内之命,危者望安,乱者卬治"①,这两件大事无疑引发了刘彻对未来如何调整与构建西汉王朝"天下"秩序的深沉思考。

况且经历过几代帝王的开拓与发展,至汉武帝初年,国势已今非昔比,据《汉书·食货志》载:"武帝之初七十年间,国家亡事,非遇水旱,则民人给家足,都鄙廪庾尽满,而府库余财。京师之钱累百巨万,贯朽而不可校。太仓之粟陈陈相因,充溢露积于外,腐败不可食。众庶街巷有马,阡陌之间成群,乘牸牝者摈而不得会聚。守闾阎者食粱肉;为吏者长子孙;居官者以为姓号。人人自爱而重犯法,先行谊而黜愧辱焉。"②物质财富积累到一定程度,便意味着自汉初所制定的旨在巩固统一,与民休息的国策业已完成,下一步如何基于既有的执政实践,因时因势而变,拟定新的治国方案迫在眉睫。申言之,治术的调整必然会引发治道的变更。汉武帝求国策于贤良,可谓顺势而为。

于此次君臣论政中,广川大儒董仲舒脱颖而出,其所提供的政治纲领"天人三策"为之后汉武帝进行国家治理奠定了理论基础,也给后世留下了治国之范本。在这篇著名政治文本的末尾,董仲

---

① (汉)班固撰,(唐)颜师古注:《汉书》卷六十四上《严朱吾丘主父徐严终王贾传》,北京:中华书局,1960年,第2789页。

② (汉)班固撰,(唐)颜师古注:《汉书》卷二四上《食货志》,北京:中华书局,1960年,第1135—1136页。

舒提出了"大一统"的政治理念：

> 《春秋》大一统者,天地之常经,古今之通谊也。今师异
> 道,人异论,百家殊方,指意不同,是以上亡以持一统;法制数
> 变,下不知所守。臣愚以为诸不在六艺之科孔子之术者,皆绝
> 其道,勿使并进。邪辟之说灭息,然后统纪可一而法度可明,
> 民知所从矣。①

该主张被汉武帝所采纳,于是这一理念由书斋进入了庙堂,升
格为规范主流思想与国家治理的核心原则,具备了意识形态和政
治统驭的双重涵义。

综合而言,董仲舒的"大一统"理论,既是对先秦以来有关学说
的承袭,可谓渊源有自;同时经他个人发挥,加之汉代之推崇,被后
世王朝奉为圭臬,堪称影响深远。

纵观五千多年中国史,大一统传统之形成与完善,大致经历了
五个重要阶段:先秦、秦汉魏晋南北朝、隋唐、宋元及明清。漫长的
先秦时期是大一统的滥觞期。众所周知,中华文明最初由炎黄二
族演变而来,他们原是古代两个部族,在长期交往中结合为一体。
《楚辞·天问》有云:"焉有虬龙,负熊以游?"炎族的图腾龙背负黄
族图腾熊出行,说明两族已高度融合,"炎黄子孙"遂为中华民族大
一统之象征。进入商周时代,礼乐文明逐渐发达,这为大一统思想
的孕育奠定了必要的文化基础,《诗经》里面所宣扬的"溥天之下,

---

① (汉)班固撰,(唐)颜师古注:《汉书》卷五十六《董仲舒传》,北京:中华书局,1960
年,第 2523 页。

莫非王土;率土之滨,莫非王臣"即是最生动的体现。降至春秋战国,周王室衰落,礼坏乐崩,诸侯林立,天下苦乱久矣,反而催生了大一统思想的发展。《公羊传》曰"何言乎王正月? 大一统也",这是"大一统"三字的最早出处。大,意指尊崇;大一统,即尊崇一统。后来儒家几位代表人物皆接续该理念,如孔子盛赞齐桓公和管仲"一匡天下",孟子力主"天下定于一",荀子追求"天下为一,诸侯为臣,通达之属,莫不振动从服以化顺之",都是在倡导一统天下的主张。最终,由崇尚法治的秦国完成了统一大业,秦始皇废分封、设郡县,书同文、车同轨,为两千多年的中央集权确立了新的政治制度基础——官僚制与郡县制。如此看来,董仲舒"大一统"理论的学说渊源和制度样本无不是来自前人。

自汉武帝将"大一统"纳入其构建王朝治理的实践后,对于我国多民族国家的形成产生了非常重要的影响,可以说历朝无一不将之贯通于治道的因革损益与治术的进退消长之中。经历了四百多年的政治动荡与民族交融,隋唐终于再度实现了国家统一。在如此长时段的历史变迁中,大一统思想被赋予了新的内涵。中原民族与边疆民族经过反复的双向碰撞和互动,一方面改变了既往的以"大一统"为主要内容的天下观,开边疆族群入主中原成为"天下共主"之先河,而边疆族群统治"中国"促进了边疆地区尤其是北疆地区和中原地区的凝聚。与此同时是突破了"严华夷之辨"的界限,使得唐代在以唐太宗为代表的统治者心目中"华夷一家"的观念成为一种重要的"治国"理念,"天下"可以是华夷共同参与治理的"天下"。故唐太宗在处理民族关系上强调"自古皆贵中华,贱夷狄,朕独爱之如一"①,这正是该时期大一统思想的新特征。与之配套,隋唐君主在制度设计上也无不围绕大一统展开。如在中央决策机制层面,唐代设立三省六部,通过制度程序与刚性律法,来约束之前渐趋泛滥的皇权,从而保证决策的合理性;在人才选拔层面,隋唐开创科举制,为广大庶族子弟开放政权,从而使得中央与地方之间可以更加顺畅的互动,保证权力可以下沉到最基层,而且获取功名的士子作为乡绅享有参与地方治理的资格,成为稳固大一统局面的最敏感触角;此外当时尚有隋时疏浚开凿的大运河,这不仅加强了齐鲁、中原地区与江南地区的文化交融,历经千年更把汉唐的长安、洛阳,两宋的开封、杭州和金、元、明、清的北京等文化中心联为一体,以这种独特的交通方式使各区域文化融合为中华民族的多元一体的大一统文化。

两宋、辽、金、西夏时期,政治版图上的"大一统"局面虽不复存在,但思想文化领域的大一统理念依然主导着各并峙政权。宋是以汉人为主体所建的王朝政权,统治者多将辽、金、西夏视为蛮夷之地,所以宋儒更多用力于阐述与彰显《春秋》一书中"尊王攘夷"思想。辽为契丹人所建政权,自称"辽之先,出自炎帝",因此为"中国之北朝"。金由女真人建立,同样自称为中华正统,所以海陵王完颜亮明确表示"自古帝王混一天下,然后可以为正统"。元朝结束了晚唐之后长达近五百年的分裂局面,建立了中国历史上第一个由少数民族主导的全国性大一统政权。元世祖忽必烈秉承大一统思想,依据《易经》中"大哉乾元"之义,建国号"大元"。元朝统

---

① (宋)司马光:《资治通鉴》,北京:中华书局,1956年,第6247页。

治者在地方设立行省、中央设置宣政院,并提出"天下一家"思想,推动了多民族国家的巩固和发展,强化了华夷一体、天下一统的整体观念。可见虽政权纷立,然大一统思想已深入人心。

明清时期,大一统已成为国家治理的核心要义。明太祖朱元璋称"朕即为天下主,华夷无间,姓氏虽异,抚之如一"①。无独有偶,清雍正帝自命"所承之统,尧舜以来中外一家之统也;所用之人,大小文武中外一家之人也;所行之政,礼乐征伐中外一家之政也"②。并且将该理念成功灵活地运用在处理边疆民族关系和多元文化当中。清朝对西藏和蒙古等边疆少数民族及文化习俗,深入了解,精心谋划,诸如采取"金瓶掣签"、满蒙联姻、盟旗制度、内外札萨克、王公封爵、驻藏大臣、回疆伯克制、改土归流、避暑山庄外八庙、木兰行围等政策,因地制宜,因势利导,可谓成效卓著。

即使到了近代,传统政治制度的优势在西方冲击下逐渐衰减,但大一统思想依然在众多仁人志士的救国方案中不断被唤醒与重塑,实现了近代语境下的创新与转化。康有为、梁启超发出"保国、保种、保教"的时代呼声,其主旨就在于维护"大一统"的中华民族共同体的整体存续。无论是孙中山在革命前期提出的"驱逐鞑虏,恢复中华"的革命目标,还是后来的"三民主义"革命纲领都蕴含着"大一统"的思想内涵。面对日寇侵略,毛泽东深刻地指出近代中国社会的主要矛盾已转变为帝国主义和中华民族、封建主义和人民大众的矛盾,号召中华民族包括海外侨胞、华人要团结为一个整体,同仇敌忾,共同对抗帝国主义侵略者,并建立各革命阶级共同

---

① 《明太祖实录》卷五十三,洪武三年六月丁丑条。
② 《清世宗实录》卷一三〇,雍正十一年四月己卯。

参与的抗日民族统一战线。解放战争时期,为反对国民党的独裁统治,又建立起由各民主人士共同参与的革命统一战线。这都是大一统思想在近代的延续与发展。

五千年中国史,大一统贯穿始终,延续不辍,代有递嬗。虽然具体的政治制度不断更迭,但其背后蕴含的制度精神内核之一的大一统思想却不曾泯灭,这也启示着后人要善于秉持辩证的态度去继承古代中国制度文明的遗产。要之,大一统传统早已跃出政治实体视阈,升华为一种价值观念、意识形态和中华民族共有的历史记忆,熔铸于中国人的心理和行动中,内化为中华民族内心强大的文化信仰和政治使命。正如杨向奎先生所讲,"它是一种理想,一种自民族、国家实体升华了的境界"①。该传统不仅具有历史进步意义,而且对于维护当代中国的国家统一和民族团结,进行制度设计与创新,仍具有不可估量的现实意义。

## 三、"宇县复小康":中国历史上的"小康论"

"民亦劳止,汔可小康。惠及中国,以绥四方。"想必熟读《诗经》的人,都知道此段源自《大雅·民劳》篇。相传此诗出自西周大臣召伯虎之手,意在借痛陈民生困苦,来规劝周厉王体恤民意。后经历代思想家不断解释、建构与再造,原本只表示相对安宁之意的"小康"概念,被赋予了丰富多元的政治、经济、社会乃至文化内涵。几千载岁月积淀与先贤凝练,它逐渐融入中国文明进程之内,化为

---

① 杨向奎:《大一统与儒家思想》,北京:北京出版社,2016年,第1页。

中国人精神世界中的重要愿景，构成了实现中华民族伟大复兴的关键阶段，逐渐上升为现代中国的重要符号与国家话语。于此"全面建成小康社会"之际，我们追根溯源，循名责实，梳理"小康"在古代中国的演变历程，其意蕴愈发博大，其意味愈加深长，其意义亦愈显重要。

## 从"渴盼"到"理想"：小康思想的基本确定

"小康"之意，其始也简。《诗经》中的"小康"，"小"即稍稍，"康"是从"穅"字引申而来，按照清代学者段玉裁的研究，"穅，谷之皮也"，其中包裹的是实实在在的谷物。众所周知，在农业社会，谷物乃生命延续的必要保障，谷物丰收即预示着康乐安宁。是故《诗经》中之描述，恰恰反映了彼时苦天下暴政久矣的民众心中的一种朴素、真实的渴盼。

小康内涵丰富与质变的重要标志，是《礼记·礼运》中的一段对话。这篇由秦汉之际儒者完成的作品，借孔子之口描绘了"大同"与"小康"两幅令人憧憬的政治图景。所谓"大同"，其前提在于"大道之行也，天下为公"，遂达致"谋闭而不兴，盗窃乱贼而不作，故外户而不闭"的境界。然而代表着"黄金时期"的三代毕竟逝去已久，"今大道既隐，天下为家。各亲其亲，各子其子，货力为己。大人世及以为礼，城郭沟池以为固，礼义以为纪，以正君臣，以笃父子，以睦兄弟，以和夫妇，以设制度，以立田里，以贤勇知，以功为己。故谋用是作，而兵由此起"，退而求其次，禹、汤、文、武、成王、周公等六位君子"以着其义，以考其信，着有过，刑仁讲让，示民有常。如有不由此者，在势者去，众以为殃，是谓小康"。两相比较，不难看出政治清明、秩序稳定、经济发达、百姓乐业的大同社会，是古人心中对最高与最佳社会形态的想象，更近似于一种反思现实后的空想主义式的乌托邦，固然美好，却犹如镜花水月般遥不可及。与之相对，小康则更贴近化危为机、乱中求治的现实。且《礼运》中的"小康论"，已给出了具体可操作的评价指标：政治层面是"礼义以为纪"而构筑的阶级秩序；经济层面是以"天下为家""货力为己"为特征的财产和劳动力私有制；伦理层面是"以正君臣，以笃父子，以睦兄弟，以和夫妇"的差序化等级制；军事层面是采取"城郭沟池以为固""刑仁讲让，示民有常"的兵役制和刑罚体系；社会保障层面则是"各亲其亲，各子其子"，实际上即基于血缘伦理的家庭赡养制。这种制度设计正是根植于农耕经济模式、具有一定文明水准和道德规范的私有制社会的鲜活写照。

孟子曾着意强调"五亩之宅，树之以桑，五十者可以衣帛矣；鸡豚狗彘之畜，无失其时，七十者可以食肉矣；百亩之田，勿夺其时，数口之家可以无饥矣；谨庠序之教，申之以孝悌之义，颁白者不负戴于道路矣。七十者衣帛食肉，黎民不饥不寒，然而不王者，未之有也。"这种高倡王道政治的擘画，实际上是将以血缘亲疏远近关系为纽带的同心圆型结构作为立论基石，这与小康中"天下为家"的境况若合符节。换言之，由己到彼，齐家而后治国，这种可望又可及的政治蓝图设计受到历代秉钧者的欢迎，自然而然地融汇为中国传统治国理政之道的核心理念。

降至东汉末年，尊奉今文经学的学者何休撰写《春秋公羊解诂》，他创造性地糅合《礼记》关于"大同""小康"的描绘，并将其发展成为具有一定系统性的"三世说",由"衰乱世"至"升平世"再至"太平世",以此来论证不断进化的社会历史发展规律,由乱到治,由低级到高级,由野蛮到文明,由落后到进步。在他这里"太平世"也就相当于大同社会,"升平世"则相当于小康社会。这种阐释方式令"小康"思想趋于理论化,且具备了十分明确的阶段性特质,为之后治理者、思想家论述小康提供了极佳范本。晚清维新派领袖康有为托古改制,便是直接借镜"春秋三世说",并融入近代以来流播甚广的社会进化论学说,将"大同""小康"概念与"三世"说进行共同演绎和改造,从而宣扬由衰乱世到升平世再到太平世的变易进化史观。康氏在其著作《礼运注》里指出,纵观两千年来中国史,曾经出现的包括文景之治、贞观之治、开元之治、康乾之治等在内的所谓盛世景观,"总总皆小康之世也"。可见康有为思想视阈中的"小康",即等同于"升平世"的状态。

尚需赘言的是,大同与小康并非儒家的独创,先秦时期诸子百家几乎都产生了相似理念。如道家代表老子所认为"失道而后德,失德而后仁,失仁而后义,失义而后礼"的境地,不恰恰是求大同不可得而先实现小康的结果吗?集法家思想之大成的韩非也曾构想其理想社会应是"大人寄形于天地而万物备,历心于山海而国家富。上无忿怒之毒,下无伏怨之患,上下交顺,以道为舍。故长利积,大功立,名成于前,德垂于后,治之至也",这也必将历经由小康到大同的过程。从可以企及的小康社会到遥不可及的大同社会,是两千多年前众多思想家的价值共识,并且说明大同与小康二者并不冲突,反倒小康是大同境界的折射与落实,大同是小康实现后的又一目标。这可视作中华民族自古以来心之所系的政治理想。

## 由"治道"到"大道":"小康"思想的延展深化

既是理想,便有待完成,其照进现实的途径非历朝君臣的治国实践不可。回望古史,"小康"思想如源头活水,顺流而下,所经之地,聚成大江大河,由最初的政治术语,逐渐延伸至经济、文化、社会诸领域。

首先,《礼运》篇问世后,"小康"特指政治相对清明的时代。后世学者在赞誉某一朝代或君王治国有方、政治稳定时,习惯用"周公辅政""成康之治""光武中兴""贞观之治""开元盛世"等历史现象作为比喻或参考,这正说明以上的几个时期比较符合"小康"理念所要求的情形。反之,一旦朝纲解纽,动荡不已,人们便更加渴望小康。裴松之在《三国志·吴志·赵达传》中有一段颇耐人寻味的注解:"自中原酷乱,至于建安,数十年间,生民殆尽,比至小康,皆百死之余耳。"①裴氏以经典之"小康"比照现实之"酷乱",可见其对生灵涂炭的三国时代之不满。无独有偶,《晋书·孙绰传》曾载,晋哀帝隆和元年(362),大司马桓温北伐收复洛阳,自恃位高权重,遂野心膨胀,暗生篡位之意。他于是奏请东晋皇帝迁都洛阳。就在朝堂众臣鸦雀无声之际,散骑常侍孙绰仗义执言,发表不同意见。他据理力争道:"自丧乱已来六十余年,苍生殄灭,百不遗一,河洛丘虚,函夏萧条",如今局面稍有起色,就急匆匆"舍安乐之国,适习乱之乡;出必安之地,就累卵之危",实非良策。他认为:"可更

---

① (晋)陈寿撰,(宋)裴松之注:《三国志》卷六十三《吴书·吴范刘惇赵达传》,北京:中华书局,1960年,第1426页。

遣一将有威名资实者,先镇洛阳,于陵所筑二垒以奉卫山陵,扫平梁许,清一河南。运漕之路既通,然后尽力于开垦,广田积谷,渐为徙者之资。如此,贼见亡征,势必远窜。"其后经过一番耐心经营,待北方收复之地"山陵既固,中夏小康","陛下且端委紫极,增修德政,躬行汉文简朴之至,去小惠,节游费,审官人,练甲兵,以养士灭寇为先。十年行之,无使隳废,则贫者殖其财,怯者充其勇,人知天德,赴死如归,以此致政",再图北上迁都不迟。① 不难看出孙绰用来驳斥桓温迁都阴谋的"小康"景象,更多是立足于政局稳定、无兵燹之灾的层面。

其次,政通人和方可利于休养生息,才能形成"稻花香里说丰年,听取蛙声一片"的悠然景象。所以小康在形容百业民生时,更多侧重评估某朝某代的经济发展水平。比如五代时期后唐明宗李嗣源体恤民情,宋初学者王禹偁予以很高评价:"明宗出自沙陀,老于战陈,即位之岁,年已六旬,纯厚仁慈,本乎天性。……故天成、长兴间,比岁丰登,中原无事,言于五代,粗为小康。"②可见学者笔下的"小康",是立足于恢复民生与复苏经济的考量。

再次,《管子》有云:"衣食足而知荣辱,仓廪实而知礼节。"此论断虽不无绝对化,但确也反映了政治趋于稳定、经济不断发展后,民众道德素质提升、民族文化水准增高的普遍状况。不妨以开元盛世为例。作为中国历史上公认的治世,掌权者的励精图治,不仅

① （唐）房玄龄等撰:《晋书》卷五十六《孙楚孙统孙绰传》,北京:中华书局,1960 年,第 1545—1546 页。
② （宋）薛居正等撰:《旧五代史》卷四十四《唐书·明宗纪》,北京:中华书局,1976 年,第 609—611 页。

创造了杜甫笔下"百余年间未灾变，叔孙礼乐萧何律"的政治安定和"稻米流脂粟米白，公私仓廪俱丰实"的经济繁荣，更生动而深刻的表征便是诸如公众道德上呈现出"齐纨鲁缟车班班，男耕女桑不相失"的情形，以及文化吸引力上达到了"宫中圣人奏云门，天下朋友皆胶漆"的地步，政治、经济与文化实现了一定程度上的融会贯通。无怪乎杜甫在《壮游》一诗里称颂"圣哲体仁恕，宇县复小康"。唯有触及完善民族整体文化和价值观层面的"小康"，才可以虽久不废，历久弥新。

与之相对，一旦君臣失和、政务废弛，弥足珍贵的小康局面亦随之灰飞烟灭。"诗圣"杜甫对此由盛转衰的境况有着极其写实而深刻的记述，遭遇"安史之乱"的涂炭，战火纷飞，统治失效，"邺城反覆不足怪，关中小儿坏纪纲"；经济凋敝，物价失控，"岂闻一绢直万钱，有田种谷今流血"，百姓蒙难，道德失序，"洛阳宫殿烧焚尽，宗庙新除狐兔穴"，衰败之势由政治、经济及社会、文化，一一遍布，覆盖所有领域。无怪乎当唐末皇帝文宗询问大臣牛僧孺"天下何由太平，卿等有意于此乎"时，牛坦然答曰："四夷不至交侵，百姓不至流散；上无淫虐，下无怨讟；私室无强家，公议无壅滞，虽未及至理，亦谓小康。"不过此种景象，牛自认"臣等待罪辅弼，无能康济。"①这怎能不令人喟叹历史上曾出现的"小康"之世，不惟来之不易，亦历时短暂，更十分稀见。

复次，小康之所以成为千百年来国人矢志不渝的奋斗目标，在于这一理念已潜移默化地融入每位中国人的内心世界，以各种形

① （后晋）刘昫等撰：《旧唐书》卷一百七十二《牛僧孺传》，北京：中华书局，1960年，第4472页。

态遍及社会每个角落,深深地烙在我们民族的集体意识当中,成为一种厚重的文化心理积淀和强大的精神内驱力。上至帝王,唐玄宗曾自道"嗣守神器,每乾乾惕厉,勤念生灵,一物失所,无忘罪己。聿来四纪,人亦小康"①。中到民间,每逢天下离乱,政权对峙之际,总有人祈盼"郡县吏皆奉法,百姓滋殖,号为小康"②。下及每个个体,也时常将"小康"挂在嘴边。如吴敬梓在《儒林外史》里曾写下如许文字:"先生得这'银母',家道自此也可小康了。"③可知经无数代的积淀,"小康"不光是高高悬诸庙堂的概念,已飞入寻常百姓家。

正是得益于政治、经济、文化、社会众领域的重重建构与言说,"小康"成为中国人的千载梦想与日常词汇,融入大众心理的深层次中,被视为中华民族所必须经历且终将完成的"大道",蕴含着许多有益的历史启示。其一,传统小康思想体现了人们对美好生活和理想社会的追求。从《礼运》中对大同、小康社会的描绘,孟子规划的"无饥"家庭,到近代以来洪秀全要求建立的"公平正直之世",康有为梦想实现的"无邦国、无帝王,人人相亲,人人平等,天下为公"④的大同世界,孙中山提出的"天下为公"的大同社会,皆可证明小康思想虽已提出千年,但始终被国人视为理想社会的理论源泉。其二,传统小康思想体现的社会分阶段发展的思路给予了后世制度设计者极大启发。恰如前述,在康有为设计的大同世界图

① (后晋)刘昫等撰:《旧唐书》卷九《玄宗本纪》,北京:中华书局,1960年,第234页。
② (元)脱脱等撰:《金史》卷七十三《宗雄传》,北京:中华书局,2019年,第1681页。
③ (清)吴敬梓:《儒林外史》,北京:中华书局,2009年,第102页。
④ 康有为:《大同书》,上海:上海古籍出版社,2009年,第1页。

景里,人类社会是按照据乱、升平、太平的顺序发展的,他认为封建社会是据乱世,资本主义是升平世,大同社会是太平世。孙中山也强调中国只有经过小康才能走向大同,"大同世界,所以异于小康者,俄国新政府之计划,庶几近之"①。因此他把实施民生主义、进行小康实践视为实现人类理想的中国道路。中国共产党人也是遵循这一思路,邓小平同志运用唯物史观,以历史与逻辑相统一,紧密地将"国情""世情"与传统文化相结合,从不同视角赋予这一概念多重崭新的意涵。"全面实现小康社会"目标的提出,既有着对传统小康思想的扬弃、吸纳和创造性转化,同时更是一种整体性超越和创新性发展。其三,传统小康思想体现的民本和民富的价值立场,对于历代政治家的治国方案产生了重要的借鉴作用。环顾近代以来的诸次政治事件,太平天国运动倡导以"无处不均匀,无处不饱暖"为宗旨,康有为主张"去苦求乐",孙中山明确主张民生就是人民的生活,民生主义就是"做全国大生利的事,要中国像英国、美国一样的富足;所得富足的利益,不归少数人,有穷人、富人的大分别,要归多数人,大家都可以平均受益"②。无一不凸显着小康思想中的人民性特质。

综上可知,传统小康思想倘若被适当的时代语境所激发,便会再度复活,并转化成全民意志,焕发出改天换地的惊人能量。

---

① 孙中山:《在桂林对滇赣粤军的演说》,《孙中山全集》第六卷,北京:中华书局,1985年,第39页。
② 孙中山:《在广东第一女子师范学校校庆纪念会的演说》,《孙中山全集》第十卷,北京:中华书局,1985年,第23页。

## 从"返本"到"开新"：小康思想的丰富意蕴

正如前述,无数先人的不懈探索,作为国家治理和社会治理的重要目标,"小康"被赋予了极其丰富的思想意蕴,值得在返本承继的基础上加以发明开新,实现对传统文化的创造性转化和创新性发展。

"以和为贵"的礼治方案。毫无疑问,《礼运》篇所主张的"小康",是一种以礼治为枢纽的政治文化。所谓"礼治"就是通过礼的制度化而全面安排人生、社会秩序,追求现世的完美。故孔子在描绘完大同与小康后,又特意强调"夫礼,先王以承天之道,以治人之情,故失之者死,得之者生"。这种礼治文化影响中国数千年,于当今仍有其积极意义,它不仅有利于形成一种谦和知礼的社会核心价值观念,更对树立中国大国形象有其独特作用。

"为政以德"的德政文化。历数古代大大小小的各种治世,统治者重视德政至关重要,要之,施德政,出盛世,时人才能依稀望见"小康"的踪影。该德政文化大致包括三方面,其一施政者须有德且率先垂范,即孔子所讲的"为政以德,譬如北辰,居其所而众星拱之";其二布有德之文教,如《全唐文·征契丹还大赦文》记载"戢干戈而宁耀武威,抚夷狄而但修文德……今则朔陲稍静,中夏小康";其三是施德法兼综之国策,如《全唐文·上军国利害事》中在征引《大雅·民劳》后,谏言"陛下垂衣裳,修文德,去刑罚,劝农桑,以息天下之人,务与之共安"。该文化对于当前我们所倡导的"政德"理念仍有借鉴价值。

"选贤举能"的用人思想。"小康"思想的出现,缘起于人们的渴盼,"小康"局面的实现,更离不开具有高德大才之人。因此古人眼中的"小康",实际上由兼具君子之德和栋梁之材的治理者来主导。这种用人思想在史书中屡见不鲜,《旧唐书》便有"朕在位仅将十载,实赖忠贤左右,克致小康"①的记载。是故系统整理古代人才思想在国家治理中的作用,对我们今天党员干部队伍建设不无参考意义。

抚今追昔,我们不难窥知"小康社会"虽在某种意义上是借镜现代社会学理论建构的政治话语,但其更是深深生长于数千年中国文明根脉上的中国特色社会主义理想,它承载着自古至今中华民族的美好追求与光荣使命。习近平总书记强调,"中国特色社会主义道路。这条道路来之不易,它是在改革开放 30 多年的伟大实践中走出来的,是在中华人民共和国成立 60 多年的持续探索中走出来的,是在对近代以来 170 多年中华民族发展历程的深刻总结中走出来的,是在对中华民族 5000 多年悠久文明的传承中走出来的,具有深厚的历史渊源和广泛的现实基础"②。从小康思想的演变到小康社会的实现,即可作如是观!

## 四、治国之道,务在举贤

三国蜀汉政治家诸葛亮曾主张治国理政"务在举贤","为人择

---

① (后晋)刘昫等撰:《旧唐书》卷一百三十六《徐浩赵涓传》,北京:中华书局 1960年,第 3762 页。

② 习近平:《在第十二届全国人民代表大会第一次会议上的讲话》,《人民日报》2013年 3 月 18 日。

官者乱,为官择人者治",①如此方是正确选拔人才之法。可见选人用人自古便是传统吏治的关键内容。2018 年 11 月 26 日下午,中共中央政治局专就中国历史上的吏治举行第十次集体学习,习近平总书记强调"重视吸取历史经验是我们党的一个好传统。历史记述了前人的成功和失败,重视、研究、借鉴历史,了解历史上治乱兴衰规律,可以给我们带来很多了解昨天、把握今天、开创明天的启示"②。就吏治问题而言,我国历史有着极为丰富的素材,悉心梳理,古今对比,鉴其得,察其失,可为当前建设高素质干部队伍提供一些颇值参考的经验与教训。

为政之要,惟在得人。国以人兴,政以才治,无论国家治理,抑或地方治理,选人用人都是不可或缺、重中之重的工作,恰如东汉学者王符所形容的,"治世不得真贤,譬犹治疾不得真药也"③。

回首中国历代王朝鼎革变迁,人才往往是第一位的因素。汉高祖刘邦在总结西汉建立的成功经验时,认为关键所在便是得人:"夫运筹策帷帐之中,决胜于千里之外,吾不如子房(张良)。镇国家,抚百姓,给馈饷,不绝粮道,吾不如萧何。连百万之军,战必胜,攻必取,吾不如韩信。此三者,皆人杰也,吾能用之,此吾所以取天下也。"④汉初三杰之综合素养,在当时众多俊杰中属于上上选,他

---

① 李伯勋编:《诸葛亮集笺论·正集》卷二《便宜十六策·举措第七》,西安:陕西人民出版社,1997 年,第 382 页。

② 习近平:《严把标准公正用人拓宽视野激励干部 造就忠诚干净担当的高素质干部队伍》,《人民日报》2018 年 11 月 27 日。

③ (汉)王符著,汪继培笺,彭铎校正:《潜夫论笺校正》,北京:中华书局,1985 年,第 39 页。

④ (汉)司马迁撰:《史记》卷八《高祖本纪》,北京:中华书局,2017 年,第 381 页。

们的功业造就了西汉开国的气象与规模。

无独有偶,唐代盛世局面的出现,也多与政府善于得人密切相关。唐太宗以亡隋为戒,用人唯贤,于是决策时有房谋杜断,纳谏时有魏征、马周,用兵时有李靖、秦琼,集一时之贤能,迎来了贞观之治。唐玄宗延续太宗之风,在吏治方面严加整饬,善用良材,先后任命姚崇、宋璟、韩休、张九龄诸人为相,朝局趋于稳定,终于形成了杜甫《忆昔》一诗中所描绘的开元盛世,政治制度上"百余年间未灾变,叔孙礼乐萧何律"、经济建设上"稻米流脂粟米白,公私仓廪俱丰实"、文化发展上"宫中圣人奏云门,天下朋友皆胶漆"、社会秩序上"九州道路无豺虎,远行不劳吉日出",堪为古代治世的典范。

与此同时,值得后人深思的是,盛唐走向衰落,也与人才使用密切相关。玄宗执政后期,宠信李林甫、安禄山等佞相乱臣,危机暗中累积滋长,导致安史之乱爆发,政局混乱不堪,"洛阳宫殿烧焚尽,宗庙新除狐兔穴",百姓流离失所,"岂闻一绢直万钱,有田种谷今流血"。难怪杜甫哀叹"伤心不忍问耆旧,复恐初从乱离说"。人才关乎国运兴衰,关乎事业成败,"为政亦多务矣,唯用贤为国之大事。治乱必于斯,兴亡必于斯"①,需要认真总结与研究。

用人之要,选贤任能。《管子·立政》专对国家治乱之原有过精到剖析:"一曰德不当其位;二曰功不当其禄;三曰能不当其官。"倘若大臣的德行与地位不相称,功劳与俸禄不相称,能力与官职不相称,让具有能力的小人擅权上位,那么这个国家极可能陷入是非

---

① (清)唐甄撰,吴泽民编校:《潜书》下篇上《主进》,北京:中华书局,1963年版,第151页。

不明、政令不通、正道不行、祸乱不已的险境。这实际上提出了为政者该如何权衡官吏德行与才干关系的命题。

降至北宋,史学家司马光在其《资治通鉴》开篇就借春秋末年晋国荀瑶(时人尊称智伯)覆亡的教训,对德才关系进行了系统讨论。在司马光看来,"智伯之亡也,才胜德也"。他才华出众,但德行有亏,走向绝路纯属咎由自取。司马光将人分为四种:德才兼备者堪称"圣人",有德才弱者是"君子",有才无德者视之为"小人",无德无才只能归为"愚人"。众所周知,在古人心中,圣人不常有,但用人问题一直存在,所以一旦遭遇人事任免提拔,"苟不得圣人,君子而与之,与其得小人,不若得愚人"。在今人看来,这种宁要无能之辈,不用有才之人的做法,恐怕不利于社会的发展,事业的进行。然而,司马光此主张的背后,有着更为深沉的忧虑与思考:"才者,德之资也;德者,才之帅也。"才干,是德行的辅助资本,德行,是才干的中心统帅。二者合则双美,分离却未必两伤。因为德行胜过才干之人,他至少是个君子,如果才干盖过德行,他便是"挟才以为恶"的小人,其后果不堪设想。自古以来,乱臣贼子,大多"才有余而德不足,以至于颠覆者多矣",荀瑶不就是活生生的例子吗?言及此处,司马光又补上一句,希望主政者在用人方面,"能审于才德之分而知所先后",①真正拿捏清楚德才二者的关系。可惜历来统治者往往难辨善恶,重用小人,政局最终无可收拾。是故司马光"与其得小人,不若得愚人"观点的提出,透露着他阅尽前史后的清醒与无奈。

---

① (宋)司马光:《资治通鉴》,北京:中华书局,1956年,第14—15页。

殷鉴并不遥远,距离司马光差不多二百年前的唐朝中期,就发生过小人作恶的悲剧。当时朝中有两位重臣:刘晏与杨炎。刘晏颇有政德,为官清明,史书有载其"常以办众务,在于得人,故必择通敏精悍廉勤之士而用之"[1]。同时他精通财政,体恤民艰,任职期间推行了一系列经济改革,"广军国之用,未尝有搜求苛敛于民",为安史之乱后唐朝经济恢复与民生稳定做出了卓越贡献。按照司马光的标准,刘晏算得上德才兼备之人。杨炎才干突出,也是理财高手,史上著名的"两税法"即由其推行。不过他心胸狭隘,汲汲于权力,上台后肆意打击报复同僚。因与刘晏政见不合,杨将公事异议化为私人恩怨,多次造谣,终于借机将其构陷致死。此事发生后,朝野上下一致为刘晏鸣冤叫屈。多行不义,四处树敌,杨炎终落得个被朝廷赐死的下场。《旧唐书》中对杨的盖棺之论便是:"睚眦必仇,险害之性附于心,唯其爱憎,不顾公道,以至于败。"[2]杨炎虽亡,然有德之人已逝,略有起色的政局也被其再度搞得乌烟瘴气。

由此可见,选用干部,"要严把德才标准"。无论是荀瑶还是杨炎,都缺乏必要的政治品德和个人私德,势必会对国家产生负面影响。这也是为什么习近平总书记在2018年参加全国人大一次会议重庆代表团审议时强调党员干部"要明大德、守公德、严私德"的深意所在。德才兼备,以德为先,政治过硬,方堪重任。这也是我们党一直以来组织工作的优良传统。

---

① (宋)司马光:《资治通鉴》,北京:中华书局,1956年,第7285页。
② (后晋)刘昫等撰:《旧唐书》卷第一百一十八《杨炎黎干传》,北京:中华书局,1960年,第3425页。

选拔人才只是选人用人工作的一个环节，对于符合德才标准的干部，组织一要用人不疑，增强他们对组织的信任与认同。唐代诗人白居易认为唐太宗能够延揽天下英才，秘诀即"速在推心置人腹。"二要善于培养，对于缺乏实践经历的干部，创造机会让他们"到重大斗争中去经受锻炼，在克难攻坚中增长胆识和才干"，对于在实际工作中倍感本领恐慌、能力不足的干部，"要加快干部知识更新、能力培训、实践锻炼，要把那些能力突出、业绩突出，有专业能力、专业素养、专业精神的优秀干部及时用起来"①。最终形成物色人才、培植人才、储备人才、考察人才的良性循环与相互反哺。

任人之要，各得其所。物之不齐，物之情也。《荀子·大略》中关于人才类型与处理的思路，颇值我们参考。该篇认为国之人才，"口能言之，身能行之，国宝也。口不能言，身能行之，国器也。口能言之，身不能行，国用也。口言善，身行恶，国妖也。"言行一致、德才兼备者，一国之内并不多见，这是担负重任的宝贝；言词木讷、做事正直者，属于国家各项事业的骨干，这是值得信赖的重器；讲求德行、拙于实践者，也能为国家发展贡献一份绵力，这是可供使用的力量。而那种当面说得天花乱坠、背后做事龌龊不堪的"两面人"，须时时警惕，这是影响国家大计的妖孽。正基于此，主政者应"敬其宝，爱其器，任其用，除其妖"。

既然干部能力有大有小，专长各有不同，所以在具体使用时应

---

① 习近平：《严把标准公正用人拓宽视野激励干部　造就忠诚干净担当的高素质干部队伍》，《人民日报》2018 年 11 月 27 日。

"坚持事业为上、依事择人、人岗相适"①。这种情况在历史上不胜枚举。如战国时魏武侯任命孟尝君田文做国相。这一人事安排，令同在魏国为官的能臣吴起很不服气。一日吴起跑来与田文当面对质，问道："我想与你比一比能力和功劳，可以吗？"田文爽快回答："可以。"于是吴问："统率三军，让士兵乐意为国效命，令敌国不敢图谋魏国，这方面你和我比，谁更强？"田文坦言："我不如你。"吴起接着问："管理文武百官，处理诸多公务，让百姓亲附，让府库充足，这方面你和我比，谁更在行？"田文继续坦言："我不如你。"吴起不依不挠又问："我曾经拒守西河令秦国军队不敢东犯，令韩国、赵国慑于军威归顺服从，你和我比，谁功劳更大？"田文还是回答："我不如你。"三轮问答作罢，表面上看，论武功、论文治、论功绩，田文都输给吴起，二者差距似乎很大。吴起越想越气，责问道："既然这三方面你都不如我，可是你却出任相国，职位在我之上，岂有此理！"

田文并未被吴起的气势吓倒，他极其淡定地说出了其中的缘由："主少国疑，大臣未附，百姓不信，方是之时，属之于子乎？属之于我乎？"②旧君主刚刚去世，新君主年纪尚轻，大臣不亲附，百姓不信任，处于这么一个权力交接、局势微妙的过渡期，你说国之政事交给谁更合适？听完此话，吴起沉默了许久，开口承认："确实应该托付给你啊。"

---

① 习近平：《严把标准公正用人拓宽视野激励干部 造就忠诚干净担当的高素质干部队伍》，《人民日报》2018 年 11 月 27 日。
② （汉）司马迁撰：《史记》卷六十五《孙子吴起列传》，北京：中华书局，2017 年，第2167 页。

吴起之所以自愧不如，就在于虽然论文韬武略，田文稍逊一筹，但是他所展现的胸襟与涵养，正是一名大政治家所独有的格局与素质。看似不显山露水，实则厚重沉稳，危机四伏、形势莫测之际，恰恰需要田文这样的人方能掌控大局，慑服众人。两相比较，吴起才能堪称翘楚，但沉稳不足、德行不够，田文表面不高明，暗藏大智慧，一是"国器"，一是"国宝"，角色不同，功能各异，身处位置恰如其分。魏武侯知人善任，用人之长，避人之短，值得我们思考。

人才能力各异，况且受各种因素限制，往往被发现时间不免有先有后，因此选拔人才常需打开视野、不拘一格，广开进贤之路。战国时荀子主张"贤能不待次而举"，任用贤能不能完全论资排辈。西汉董仲舒上书汉武帝，批评当时官场"累日以取贵，积久以致官，是以廉耻贸乱，贤不肖浑淆"[1]，可见完全依凭资历升迁，政坛没了动力，官德每况愈下。唐太宗认为："吾为官择人，惟才是与。苟或不才，虽亲不用，襄邑王神通是也；如其有才，虽仇不弃，魏征等是也。今日所举，非亲私也。"[2]提拔任命官员，应不讲关系亲疏，勿论私人恩怨，视其能力水平高低来予以相应的职务。到了晚清，思想家龚自珍更是发出了"我劝天公重抖擞，不拘一格降人才"的呼吁，希望主政者能破除一切用人思路上的痼弊陈规，保证人才各得其所，施展所长。不难发现，荀子、汉武帝、唐太宗、龚自珍所身处的时代，都是社会剧烈转型的大变革阶段，因此他们对人才的渴望尤为急切，更需要破除常规使用人才。东晋学者葛洪在总结汉代用

---

① （汉）班固撰，（唐）颜师古注：《汉书》卷五十六《董仲舒传》，北京：中华书局，2017年，第2513页。

② （宋）司马光：《资治通鉴》，北京：中华书局，1956年，第8066页。

人经验时,曾讲过这么一番话,"锐锋产乎钝石,明火炽乎暗木,贵珠出乎贱蚌,美玉出乎丑璞。是以不可以父母限重华,不可以祖祢量卫、霍也。"①锐利的刀锋取材于山中重石,炽热的烈焰借助于钻木取火,名贵的珍珠包裹在不名一钱的蛤蚌中,精美的玉石深藏在粗糙斑驳的璞石里,是故不因父母的德行地位而限制儿孙的前程,也不因卫青、霍去病的低下身份而无视他们的才干。西汉名将卫青、霍去病都是私生子,因出身问题自小为人家奴,供人驱使。不过时值征伐匈奴的用兵之际,汉武帝慧眼识英才,于众人之中超擢卫、霍二人,委以重任抗击匈奴,从而立下不世之勋。这种做法,既实现了人尽其才,又产生了正向激励效应,用好一个人能激励一大片,有其独到之处。

得人之要,贵有良法。人才重要,还需良法美制方能得之,这就涉及人才选拔任用的制度建设。所谓制度,是指一定历史条件下形成的法令、礼仪、习俗等规范。具体到遴选人才,既是人事问题,更是制度问题。著名史家钱穆先生曾指出,"人事比较变动,制度由人创立亦由人改订,亦属人事而比较稳定,也可以规定人事,限制人事"②。也就是说,人事时常变化,制度相对稳定,不过二者本属一体两面,不可分割,若无适当的制度保障与贯彻,人才也难以获取;缺乏优秀的人才,也无法设计有效的用人制度。

与此同时,"某一项制度之逐渐创始而臻于成熟,在当时必有

---

① (晋)葛洪著,杨明照校笺:《抱朴子外篇校笺》下册,北京:中华书局,1997年,第287页。
② 钱穆:《中国历代政治得失》,北京:生活·读书·新知三联书店,2001年,第1页。

种种人事需要,逐渐在酝酿,又必有种种用意,来创设此制度"①。就人才选拔而言,历代治理者根据现实需要,不断对相关制度进行因革损益,改动创新。西汉政权初建,统治者意识到天下可"居马上得之",却不可"马上治之",于是逐渐探索形成以察举制为枢纽的选材制度。该制度着眼于从地方自下而上推选人才,根据对专门人才的需要,不断设置察举科目,分类愈加细致,竞争趋于公平,奠定了一套集教育、行政实习、推选与考试四位一体的用人体系。

四百余年后,面对烽烟四起、群雄并峙的汉末形势,曹操父子认识到察举制塑造了一批把持地方的门阀士族,甚至当时民间流传的谚语称"举秀才,不知书;察孝廉,父别居。寒素清白浊如泥,高第良将怯如鸡"②,该制度显然弊已大于利。有鉴于此,曹氏父子采纳陈群的方案,推行九品中正制,推举在中央任职且德名俱高者为大中正,随后产生小中正,以家世、道德、才能三者作为评议标准,按照九个品级从各地选拔人才,这好比中央给地方提供了一张人才调查表,官员们按图索骥,可操作性强。正是凭借这比较客观的制度,曹魏于短时间内聚拢良才,澄清吏治,为之后统一天下夯实基础。

又过了四百多载,隋唐之际的九品中正制已蜕变为尊崇门第、自我封闭的坏制度。于是隋炀帝大业三年(公元 607 年),科举制创立,旨在物色"孝悌有闻,德行敦厚,节义可称,操履清洁,强毅正直,执宪不挠,学业优敏,文才秀美,才堪将略,臀力骠壮"十类人

---

① 钱穆:《中国历代政治得失》,北京:生活·读书·新知三联书店,2001 年,第 2 页。
② (宋)郭茂倩:《乐府诗集》卷八十七《杂歌谣辞五》,北京:中华书局,1983 年,第 1224 页。

才。其后一千多年，历代对于科举制多有修正，但始终没有改变它从最基层选拔人才、将政权治理开放给普通人、实现中央与地方有效沟通等基本功能。自此，贫寒子弟真正可以相信"将相本无种，男儿当自强"，只要潜心读书，"朝为田舍郎，暮登天子堂"。因此当唐代诗人孟郊在乡间"十年寒窗无人问"，一朝高中，那种"春风得意马蹄疾，一日看尽长安花"的心情，便不难理解了。

当然，追溯历史便可洞晓，用人制度因现实而设，随情形变化或改或废，所以绝无有利无弊之制度，更无千年不变之制度。与时俱进，史之常态。然而历史宛若一条绵延不绝的长河，历时愈久，积淀愈深，其中默默流淌着万变不离其宗的传统，抑或称之为制度精神。单就用人制度而言，其核心精神之一，恐怕必须蕴含一个"公"字。习近平总书记强调"用人以公，方得贤才。公正用人是我们党立党为公、执政为民在组织路线上的体现，应该成为我们选人用人的根本要求"①。该原则也是传统用人制度的核心理念。成书于战国时期的《吕氏春秋》，便强调"公则天下平矣，平得于公"。该书记载了一个春秋时晋国的故事。当时南阳地区缺少一名主政长官，晋平公咨询大夫祁黄羊谁可胜任，祁推荐了解狐。平公惊讶地问道："解狐不是你的仇人吗？"祁黄羊回答："您问我谁适合，不是问我的仇人是谁。"平公于是便任用了解狐。过了些日子，晋国又缺少一位掌管军事的官员，平公再次询问祁黄羊的意见。祁毫不犹豫地举荐自己的儿子祁午。平公很不理解地问道："祁午不是你的儿子吗？"祁黄羊回答："您问我谁合适统兵，没有问我儿子是

---

① 习近平：《严把标准公正用人拓宽视野激励干部 造就忠诚干净担当的高素质干部队伍》，《人民日报》2018 年 11 月 27 日。

谁?"于是平公又启用了祁午。听闻此事,孔子对祁黄羊的行事风格赞不绝口,"外举不避雠,内举不避子。祁黄羊可谓公矣。"这就是秉公用人,心无偏私的体现。

这种尚公的精神在后世延续不辍,深嵌于各种用人制度之中。如东汉王符评价察举制的关键"在于明选",即公开、公正的选拔人才。科举制更是打破了社会阶层间的界限,美国著名汉学家费正清对其高度赞誉,认为"在一个我们看来特别注重私人关系的社会里,中国的科举考试却是惊人地大公无私。每当国势鼎盛,科举制度有效施行时,总是尽一切努力消除科场中的徇私舞弊"①。可见公平公正的传统,与我们当前选用干部的宗旨一脉相承。

惜人之要,赏罚分明。好的用人制度体系,不仅可择取人才、培养人才,也能考核人才、激励人才,这实际上是基于爱惜人才、保护人才的考虑。司马光当年向宋仁宗进谏,提出用人的"三大法宝","一曰任官,二曰信赏,三曰必罚"②,其实体现了一种人才考核与奖惩相结合的理念。与其同时代的政治家苏洵对该理念有过更详细的论述,"夫有官必有课,有课必有赏罚。有官而无课,是无官也;有课而无赏罚,是无课也"③。课指考课,就是考察、审核。古代对官吏的考课,它包含两层含义:一是考,考察官吏在担任国家职务期间的实际表现;二是课,依照法令及中央命令对官吏的履职情况进行审核及评定。概而言之,考课制度,就是依据法令和行政

① [美]费正清著,孙瑞芹、陈泽宪译:《美国与中国》,北京:商务印书馆,1971年,第41页。

② (宋)司马光:《司马光集·进修心治国之要札子状》,成都:四川大学出版社,2010年,第985页。

③ (宋)苏洵:《嘉祐集》卷九《上皇帝书》,《四部丛刊》本。

规则,秉承"德义有闻,清慎明著,公平可称,恪勤匪懈"的四善标准("四善"是唐代的考课标准,且还有"二十七最"与之配合。概言之,"四善"实际上更多是德的层面的普遍要求,"二十七最"则和担任职务的具体职能相关),紧扣官员的德、绩、勤、廉四方面表现,在一定年限内,对各级官吏进行考核的制度。

"民生之安危,由于吏治之清浊。"激官场之浊,扬政坛之清,考核之外,还需要一套公开透明、科学刚性的奖惩机制来保障,才能做到善则赏之、过则匡之、患则救之、失则革之,让政治生态变得清明疏朗。三国时刘备入蜀,接手的政局并不乐观。彼时的四川官场,派系林立,内斗不已;法令废弛,贿赂公行;官吏刻薄,睚眦必报,应该说,刘焉刘璋父子留给刘备的,是一个烂摊子。作为股肱之臣,诸葛亮拿出了有效的"治蜀方案"。首先,他严肃吏治,整顿政风。当时本地官员法正劝告诸葛亮要对四川干部多加笼络,施以恩惠。此建议被其严词拒绝,诸葛亮给出的理由是:"刘焉父子治蜀,全靠典章和礼仪维系上下关系,互相奉承,德政不能施行,刑罚失掉效力。蜀人专权而为所欲为,君臣之道,渐渐破坏。我现在要树立法令威严,法被执行,人们便会知道我们的恩德。上下之间有了一定的规矩,奖惩分明,治国之道,由此便清楚显现了。"正是按此思路,诸葛亮扭转了蜀地官场的不良风气,并根据有无能力实绩、是否担当负责等标准,提拔了诸如向宠、马谡、李严等众多人才。

同时,即使功劳卓著、地位显赫的官员失职违法,诸葛亮也未徇私包庇,一视同仁。心腹马谡失了街亭,挥泪斩之,重臣李严误期失责,削爵为民,大将廖立搬弄是非,贬为庶民。这其实是倡导一种能上能下、匡正风气的明智之举。

"为政之要,莫先于用人。"中国数千年的历史,蕴含着丰富的吏治实践与思想。正如习近平总书记所指出的,这些思想和做法"也带有明显的历史局限,其中有不少封建糟粕,这是我们必须注意的"。① 因此建设忠诚干净担当的高素质干部队伍,做好干部培育、选拔、管理、使用工作,要坚决贯彻新时代党的组织路线,依据当今世情国情党情,对于古代吏治问题要进行批判性继承、创造性转化,恰如荀子所言:"循其旧法,择其善者而明用之。"我们应注重提炼古代吏治思想的有益经验,善于发掘传统制度精神的合理内核,辩证对待,为我所用,以识才的慧眼、爱才的诚意、用才的胆识、容才的雅量、聚才的良方,把党内外、国内外各方面优秀人才集聚到党和人民的伟大奋斗中来。

## 五、化育风气,造就良才

《荀子》一书在《臣道》篇中,将一国之官员,分为态、篡、功、圣四类。顾名思义,态、篡二字,明显带有贬义,代指那些媚上欺下、贪墨枉法之佞臣污吏。即使就好的官员而言,荀子根据德性、才干、态度、政绩等诸多标准,也进行了细致界定。在他看来,真正优秀的官员,须具备且都具备的素质,应该包括如下方面:"政令教化,刑下如影,应卒遇变,齐给如响,推类接誉,以待无方,曲成制

① 习近平:《严把标准公正用人拓宽视野激励干部 造就忠诚干净担当的高素质干部队伍》,《人民日报》2018 年 11 月 27 日。

象。"通俗来讲，名臣良吏贯彻与落实朝廷政令教化，其践行效果从来都是第一时间、不打折扣，执行力之强，如影随形；应对与处理各种突发事件和时局变动，他们向来反应迅捷，措施得当，平息事端，扭转危机，其解决速度仿佛应声回响一样；辨析与考量各种变幻无常、纷繁迭起的新情况，他们依循类似案例进行推论，综合比照相关制度进行研判，从而守正出新，对症施药，为之后决策树立准则典范。简言之，这实际强调，一名好的官员，必定要具备过硬的执行力、应变力、担当精神与引领能力。

倘若暂且抛开荀子观点的时代局限，该论断确实揭示出考察官吏优秀与否的关键性指标。翻检史籍，重温故事，尤其是"应卒遇变，齐给如响"这一条，极其可贵。唐玄宗后期，朝局已是危机四伏。当时著名书法家、政治家颜真卿因得罪奸相杨国忠，被排挤出京，出任平原太守。仕宦生涯受挫，颜真卿并未抱怨消沉，依然忧心时局。平原属于安禄山辖区，颜氏发现安禄山谋反迹象已十分明显。于是他未雨绸缪，假托本地阴雨连绵需要整修，暗中加固城墙，疏浚河道，广积粮食，招募士卒，做好抵御叛军准备。与此同时，为了麻痹安禄山，颜氏平时经常与宾客宴饮畅游，吟诗作对，摆出一派名士风范。虽多次接到探子情报，安禄山始终认为颜真卿一介书生，不足为惧。不久，安禄山果然范阳起兵，河朔郡县尽数沦陷，唯独颜真卿尚在平原坚守。听闻叛乱消息，唐玄宗慨叹："河北二十四郡，岂无一忠臣乎！"等到颜氏派来的下属递上奏报，唐玄宗转忧为喜，顾左右曰："朕不识颜真卿形状何如，所为得如此！"①

---

① （后晋）刘昫等撰：《旧唐书》卷一百二十六《颜真卿传》，北京：中华书局，1960年，第3590页。

如果说颜真卿以上作为可看作主动性高、执行力强的话，那么随着动乱形势日趋复杂，则愈发考验其应变能力。叛军一度攻下洛阳，杀死留守的三位高官，并派使者将三人首级拿到黄河北边示众，以期达到动摇人心的效果。颜真卿洞察叛军企图，果断斩杀使者，隐藏同僚头颅，对下属讲："我识此三人，首皆非也。"①迅速稳定了军心。等到日后誓师出征之时，颜真卿方才取出三人首级，戴上官帽，点缀佩饰，用草做成身体四肢，用棺木装殓祭祀殡葬，立了牌位为其痛哭。经此庄重的仪式，人心更加团结。此后颜真卿不断聚拢各地义军，形成了十七郡联手的局面。众人推举他为统帅，率兵二十多万，"横绝燕赵"，立下大功。

安史之乱平定后，政局并不太平，藩镇割据愈演愈烈。彼时奸臣卢杞一度当道，对刚直不阿的颜真卿很是忌惮。恰巧军阀李希烈叛变攻下汝州，卢杞便提议颜真卿去汝州赴任，其理由竟然是"颜真卿是全国信服的人，派他去招降，可以不动用军队"。其欲置颜氏于死地之心昭然若揭。不少大臣纷纷密奏朝廷，请求挽留忠臣。然而颜真卿并不退缩，坦然上任。

来到汝州，颜真卿立即被叛军囚禁，遭受百般恐吓羞辱。他毫不畏惧，有一次以其兄长颜杲卿的壮烈事迹为例，对叛军将领厉声道："君等闻颜杲卿无？是吾兄也。禄山反，首举义兵，及被害，诟骂不绝于口。吾今生向八十，官至太师，守吾兄之节，死而后已，岂受汝辈诱胁耶！"怒斥得对方哑口无言。后颜真卿被李希烈谋害，

---

① （后晋）刘昫等撰：《旧唐书》卷一百二十六《颜真卿传》，北京：中华书局，1960 年，第 3590 页。

《旧唐书》赞曰"自古皆死,得正为顺"①,可见其勇于担当、舍身为国的风范深受后世称道,将永留汗青。

北宋学者刘敞曾用"极忠不避难,临难不违义"来概括颜真卿胸怀社稷的精神,该评价实与千古名句"先天下之忧而忧,后天下之乐而乐"有异曲同工之妙。众所周知,"先忧后乐"的思想出自范仲淹之手,他堪称那个时代名臣之代表。范之一生,始终忧庙堂之忧,急百姓之急,未尝倦怠。步入政坛初期,范仲淹就以敢于建言闻名。宋仁宗时期,有一年江、淮、京东等区域发生非常严重的蝗灾与旱灾。范恳请朝廷派遣官员前往灾区察看灾情,却迟迟没得到答复。范仲淹于是向仁宗直谏:"宫廷里的人如果半天不吃饭,情形会怎么样呢?"仁宗显得十分难过。于是委任主动请缨的范仲淹去赈济灾情。范仲淹所到之处开仓放粮,奏请朝廷免除赋税,救济了众多百姓。后来李元昊起兵东进,延州周边诸多要塞失守,范仲淹又一次请求赴前线领兵御敌。他在边塞整饬军队,加强演练,巩固城防,兴修水利,广纳降军,用人不疑,终使西夏与北宋议和,保得一方平安。当时仁宗皇帝有意进取,要求大臣上陈改革主张。范仲淹深感"事有先后,久安之弊,非朝夕可革也",向仁宗上疏《答手诏条陈十事》,后又陈奏"再议兵屯、修京师外城、密定讨伐之谋"等七事,揭开了"庆历新政"的大幕。虽然改革仅维持一年多便戛然而止,却开北宋改革风气之先,成为王安石变法的前奏。

由上可知,范仲淹为官谋事在先,处事周全,勇于任事,临事不

---

① （后晋）刘昫等撰:《旧唐书》卷一百二十六《颜真卿传》,北京:中华书局,1960年,第3598页。

乱,可谓执行力、应变力与担当精神兼具。不过,更值得后世措意的是,在《宋史·范仲淹传》中,编纂者专门写下一句深有见识的论断:北宋官员"每感激论天下事,奋不顾身,一时士大夫矫厉尚风节,自仲淹倡之"①。以身垂范,化育风气,引领官员蒿目时艰,经邦济世,这或许是范仲淹最为可贵之处。与范同期或稍晚,众多大臣受其熏染,为时政殚精竭虑。如韩琦最初任职四川,整治贪官,淘汰冗员,"活饥民百九十万"。当他由蜀地返回京师时,正值朝廷对西夏用兵,韩琦毛遂自荐,表示熟悉西北军务,与范仲淹联手"在兵间久,名重一时,人心归之,朝廷倚以为重,故天下称为'韩范'"②。欧阳修誉之为"临大事,决大议,垂绅正笏,不动声色,措天下于泰山之安,可谓社稷之臣"③。再如富弼勇于承担重任。一次辽国派使臣索要国土,形势颇为微妙。朝廷数次任命聘答官员,他们都强调情况叵测不敢前行。吕夷简推荐富弼出使。听闻此讯,欧阳修赶紧借颜真卿劝降李希烈之悲剧来劝告富弼留在京师。富弼不为所动,觐见皇帝时说:"人主忧虑臣下耻辱,臣下不敢爱惜生命贪生怕死。"后与辽国谈判时有礼有节,不辱使命,无怪乎史书称其"再盟契丹,能使南北之民数十年不见兵革"④。

---

① (元)脱脱等撰:《宋史》卷三百一十四《范仲淹传》,北京:中华书局,2017年,第10268页。

② (元)脱脱等撰:《宋史》卷三百一十二《韩琦传》,北京:中华书局,2017年,第10223页。

③ (元)脱脱等撰:《宋史》卷三百一十二《韩琦传》,北京:中华书局,2017年,第10232页。

④ (元)脱脱等撰:《宋史》卷三百一十三《富弼传》,北京:中华书局,2017年,第10264页。

　　苏轼认为北宋"韩、范、富、欧阳,此四人者,人杰也"①。作为后辈,苏轼之评价或不免略有溢美,却点出了范仲淹诸人的楷模作用。正是他们敢作敢当、以天下为己任之事功与格局,塑造了优秀官员的样板,形成"头雁效应",彼时诸如文彦博、苏轼、司马光、范纯仁等一大批士大夫联翩而起,共同化育了良好的政治风气,从而保证久处积贫积弱局面的北宋不致遭受大的动荡。

　　反观历史上那些混乱不已的危局和变局时代,官员们往往徒事空谈、坐等局势糜烂。明末东林党领袖忧心国事,与恶势力斗争到底,确实令人敬佩。然而更多的官员虽依附该旗号下,却终日忙于口舌之争,梁启超形容"他们笔头上口角上吵得乌烟瘴气的时候,张献忠、李自成已经把杀人刀磨得飞快,准备着把千千万万人砍头破肚",清军"已经把许多降将收了过去,准备着看风头捡便宜货入主中原"。最终上演了一幕幕"无事袖手谈心性,临危一死报君王"②的黑色幽默。晚清政坛同样不堪。据曾国藩的观察,"二三十年来,士大夫习于优容苟安,揄修袂而养姁步,倡为一种不黑不白、不痛不痒之风",一旦有慷慨不平之人提出质疑,官员们"则相与议其后,以为是不更事,轻浅而好自见。"③物必先腐而后虫生,待到列强东来,形势遂一触即溃,终无可收拾。所以,政坛风气一旦变坏,还想培育大量优秀官员,真的是难上加难,几成奢望。

　　专就改善政风,曾国藩有过独到之论,认为"一省风气全系于

---

① (宋)苏轼:《范文正公文集叙》,曾枣庄、舒大刚主编:《三苏全书》第十三册,北京:语文出版社,2001年,第460页。
② 梁启超:《中国近三百年学术史》,北京:中国书店,1985年,第4页。
③ (清)曾国藩:《曾国藩全集·书信一》,长沙:岳麓书社,1994年,第414页。

督抚、司道及首府数人,此外官绅皆随风气为转移"①,也就意味着关键少数要真正发挥关键作用,形成风清气正的政治生态。依古衡今,我们要实现党的未来宏伟蓝图,不断实现人民对美好生活的向往,各级领导干部必须自觉担当领导责任和示范责任,把自己摆进去、把思想摆进去、把工作摆进去,始终保持锐意进取、永不懈怠的精神状态和敢闯敢干、一往无前的奋斗姿态,用自身工作实绩展现好干部所应具备的执行力、应变力、担当精神,从而形成积极向上的政治风气,引领更多的党员同志见贤思齐,由人塑风,成风化人,努力造就一支忠诚干净担当的高素质干部队伍。

## 六、大江大河有大治:治水与中华民族精神的塑造

中国是一个具有悠久治水传统的国家,从大禹治水开始,中华儿女与洪水不断作斗争的历史长达四千多年。面对洪水,我们有哪些独特的治理方式? 在治水的长期实践中,形成了怎样的民族精神?

### 洪水来袭,不同民族有不同应对方式

溯源人类与洪水斗争的历史,我们不妨从各民族流传下来的神话中找寻线索。原始社会,社会生产力和科学技术水平十分低下,人们对于风雨、雷电、洪水等不能作出科学合理的解释,只能用

---

① (清)曾国藩:《曾国藩全集·日记一》,长沙:岳麓书社,1994年,第688页。

自身对生活的认知将不了解的自然现象加以神化,从而产生神话。可以说,神话是人类文明早期的一种非常具体、鲜活、朴实的记忆。它如同一个人成年之后脑中依然留存着童年经历的些许片段,十分模糊,且弥足珍贵,某种程度上暗含不时唤醒人类追溯其文明起源的作用。

以"大洪水"为题材和背景的洪水神话,是世界上流传范围最广的神话类型之一。据不完全统计,包括中国、美索不达米亚、希腊、印度、玛雅等文明在内,世界上已有近两百个国家和民族用神话形式记载过历史上洪水泛滥的情景。例如在中国,《史记·夏本纪》中有:"当帝尧之时,鸿水滔天,浩浩怀山襄陵,下民其忧。"①是说大洪水把整个大地淹没了,到处是滔天白浪,包围了高山,漫上了丘陵,实在是愁煞了百姓。古希腊神话中则是这样描述的:天一下子黑了下来,黑得分不出天和地,分不清白昼和黑夜。人们只觉得黑色的暴雨敲打着整个世界,黑色的狂风席卷着整个宇宙,黑色的巨浪吞噬着世间的一切。古巴比伦苏美尔人所作的《史诗》,据传是根据大洪水的幸存者口述而成,其中写道:大洪灾肆虐了一百五十多天,眼看那里的生灵就要灭绝了,这时从天上飞来一座大山,幸存的人们上了山,成了新一代苏美尔人。

研究者发现,这些神话中绝大部分所记载的洪水暴发时间都基本契合,处于一个区间内。加上现有考古发现及地球气候变迁史的相关研究,我们有理由相信,这些不同民族"不约而同"记载下的神话故事,应该是有某些史实依据的。在上古时期,就存在世界

---

① (汉)司马迁:《史记》卷二《夏本纪》,北京:中华书局,2017年,第50页。

性的大洪水。

对照之下很容易发现,中国上古洪水神话与世界上绝大多数民族的洪水神话属于截然不同的类型。面对洪水,不同民族的人们的应对方式是存在差异的。洪水来袭,西方神话中人们的主要应对方式是寻找或建造避水工具逃生。逃生的方式以诺亚方舟最有代表性:诺亚在洪水来临之前造了一个方舟,从而带着需要被拯救的人与生物逃生。除此之外,还有乘葫芦、大龟、竹筏、独木舟或爬上山而逃生的细节差异。

中国的洪水神话中,出现了完全不同的应对方案,用一个字来总结就是"治"。其中最家喻户晓的要数大禹治水,是说大禹继承父亲鲧的事业,用了十三年平定水患,使天下太平、百姓安居。比大禹治水更早的是女娲补天。正如范文澜先生所说:"许多古老民族都说远古曾有一次洪水,是不可抵抗的大天灾;独在黄炎族神话里说是洪水被禹治得'地平天成'了。这种克服自然、人定胜天的伟大精神,是禹治洪水神话的真实意义。"[1]

为什么中外洪水神话会有这样大的叙述差异?很重要的一个原因是,西方各族神话往往是以神为本的,洪水多代表神对人类的惩罚,所以渺小的人类无法同神意相对抗。中国的洪水神话中没有突出人神对立和惩罚的意思,洪水与人虽构成冲突,但这仅仅是较为现实的自然灾害的反映。洪水既然不代表超自然的神力,那么治理它就成了人的责任。可见,中国传统文化中的人本思想给我们民族神话奠定了基调。

---

[1] 范文澜:《中国通史》第一册,北京:人民出版社,1978年,第22页。

中西方关于洪水神话的不同叙述，说明这是根植于两种截然不同的文化土壤上产生的历史记忆。地理环境、生产方式等对早期人类社会乃至价值观的影响非常明显，所以在不同地区才会形成不同的民族性格、思维方式。

这种独特性与差异性非常可贵，恰恰说明了人类文明的发展是百花齐放、多元并进的。我们不应赋予其对抗意义，它们都是人类面对巨大自然灾害的一种应对方式。灾难来临时，只要能挺过来、延续下去的文明，都有顽强的生命力，有其值得学习的地方。面对灿烂的人类文明，我们应当用动态的、发展的眼光来看待文化差异；在发现各自独特性的同时，也应当增强彼此在一些文明共识上的包容和理解。

## 善治国者必先治水

几千年来，中华民族的历史始终贯穿着治水抗洪的斗争。有话说"治国先治水，有土才有邦"，历史上的治水实践不仅塑造了英雄，铸造了民族精神，还加速了中华文明的进程。长江、黄河是中华民族的发祥地和摇篮，华夏农耕文明高度依赖灌溉。大禹治水，疏通了九州河川，筑起了九州大泽的堤坝："高高下下，疏川导滞，钟水丰物，封崇九山，决汩九川，陂鄣九泽，丰殖九薮，汩越九原，宅居九隅，合通四海。"人们能够安居乐业，物质也丰厚起来，为文明的产生奠定了物质基础。

治理洪水如此庞大的工程，需要多人共同团结协作，这不仅需要共同的信念，更需要强有力的组织来协调。由于治理洪水的需要，在安排氏族成员进行分工合作的时候，逐步产生了凌驾于一般氏族部落的权力机构。禹在治理洪水过程中，逐步成为氏族的核心人物，最终被推选为首领。可以说，大禹治水无论从政治经济上，还是在文化上都对中国第一个王朝——夏朝的建立起到了重要作用。

几千年来，通过治理江河，兴修水利，人们逐渐在平原地区居住，进而开拓疆土、繁衍人口、发展经济、推进社会进步。大规模的水利灌溉建设使水旱灾害区变为沃野千里的粮食供应基地和基本经济区。"兴水利，而后有农功；有农功，而后裕国"，深刻阐明了治水、农业生产与国家经济进而与国家政治稳定的关系。

此外，在陆上交通不发达的古代，水运兴衰成为社会政治稳定、国家兴衰的重要因素。中国一大批城市在很大程度上是靠内河航运发展起来的，乃至出现了"依水建城，以水兴城"的现象。运河沿岸原有的城市如扬州、南京、苏州、杭州、北京等更加繁荣，天津、徐州、济宁等城市亦因河而兴，这些城市通过运河将城市文明辐射到四面八方，对中华文明发展作出了重大的贡献。

在长期的治水实践中，人们积累了丰富的治水经验，并在水文测量、修筑围堤和兴修水利的过程中，推动水利、冶金、纺织、陶瓷、交通运输以及天文学、数学、力学、地理学和生物学的发展。诸如郑国渠、灵渠、都江堰、它山堰等水利工程，至今依然具有重要的借鉴意义；孙叔敖、西门豹、李冰、王景、苏轼等治水名人，除了拥有丰富的水利知识，还有着心系天下、奉献于民的高尚品德，是我们学习的榜样。

## 治水精神是中华民族精神的重要组成部分

长期以来，先民在与洪水进行艰苦卓绝的斗争中，锤炼铸就了独特的民族精神，这是我们宝贵的精神财富。

一是以民为本、无私奉献。神话中天帝派鲧、禹治水，还民安乐，就是民本思想的体现。《墨子·兼爱》指出，禹治水土"（西）以利燕代胡貉与西河之民""（东）以利冀州之民""（南）以利荆楚、干、越与南夷之民"。当舜问到禹的治水经验时，他回答得极为简洁："予何言！予思日孜孜。"①他告诉舜帝，自从接任司空之职以来，他什么别的都没想，只是每天考虑孜孜不倦地把治水工作做好。以民为本是中国文化最根本的精神，治水者在治水为民的过程中孕育了舍己为人、自我牺牲的博大情怀。

二是自强不息、敢于斗争。中国人自古以来既敬畏大自然，同时也坚信人定胜天。战国时期，李冰修建的都江堰工程，使川西平原成为"水旱从人，不知饥馑，时无荒年"的天府之国。在他的治水计划中，开凿玉垒山是其中关键的一环。然而，由于玉垒山山体极其坚硬，开凿过程虽花费大量人力、物力，工程进度仍十分缓慢。这一现实困难使人们开始质疑开山工程的现实性。但李冰并没有放弃，他日夜坚守在施工现场，并坚信只要能够突破现实困境，工程终将取得成功。《史记·河渠书》载："蜀守冰凿离堆，辟沫水之害""崖峻险阻，不可穿凿，李冰乃积薪烧之"，②就是指李冰在没

---

① （汉）司马迁：《史记》卷二《夏本纪》，北京：中华书局，2017年，第79页。
② （汉）司马迁：《史记》卷二十九《河渠书》，北京：中华书局，2017年，第1406页。

有火药的情况下，以火烧石，使岩石爆裂，终于花费数年时间在玉垒山凿出了 20 米宽的口子，这就是都江堰非常有名的"宝瓶口"。可以说，从不屈服、不畏艰险、奋起抗争……正是中国人身上这样的崇高人格力量和坚强生命意志，让包括洪水在内的各种灾害最终得以平息。

三是团结一心、众志成城。古人在治水过程中，总是能团结起众人的力量。例如大禹，他身边不仅有伯益、后稷等贤人相助，且每到一个地方，都亲自去各个部落发动民众参与治水。治水时，所有的民工包括禹皆食粗粮，穿短打布衣，住茅草屋，禹更是"三过家门而不入"。又如，公元前 109 年，汉武帝向在瓠子(今河南省濮阳县西南)决口二十多年的黄河发动了前所未有的堵口之役。从司马迁在《史记·河渠书》中记录的宏大场景来看，汉武帝亲自参与、指挥了堵口行动，数十万治河的将士与民夫，不论身份高低与官职大小，都扛着柴草往决口处填塞，万众呼唱，团结一心，场面蔚为壮观。在中国人的精神谱系中，国与家、社会与个人，是密不可分的整体，漫长岁月中，无数次天灾战祸、兴衰危亡，早已塑造了我们同风共雨、守望相助的"共同体"情感，塑造了我们强调集体利益、强调个体责任的价值观念。

四是尊重自然、天人合一。古人的治水理念中，尊重自然、顺应自然，始终占据着首要的位置，既要做到"水利"，也应做到"利水"，以使水可持续地"利人"，从而"人水相应"、和谐相处。例如苏轼在杭州疏浚西湖、修建苏堤，不仅是一个水利工程，而且是对环境的改造。他认为："治河之要，宜推其理而酌之以人情。河水湍悍,虽亦其性,然非堤防激而作之,其势不致如此。"①意思是说,治水的关键是在"水理"和"人情"之间取得一种和谐,水灾的发生不单纯与水"湍悍"的"理"有关,而且也与人们"爱尺寸而忘千里"的短视行为有关。如果人类的活动过度地压缩了水的活动空间,与水争地,水便会"激而作之"。也就是说,单纯靠修堤防水是不够的,人们还必须从科学的角度去认识治水,不能只看眼前利益,而应该着眼于长远,着眼于生态,着眼于人与自然的和谐相处。今天我们仍然需要学习古人的一份赤子之心和敬畏之心,要尊重自然,一方面不要破坏和过度开发,一方面要善于理解、顺应和利用自然规律。

一路走来,无论遇到怎样的灾难挑战,中华儿女始终保有一种乐观精神。这种乐观精神质朴而不盲目,是基于我们对自身的了解和坚韧的实践,基于我们所具有的勤劳、智慧、善良、容忍等种种美德。在面对新的危机和挑战时,这些精神力量都是我们的宝贵财富,帮助我们更加坚定、自信地走向未来。

## 七、化危为机的中国智慧

2020 年全国两会上,"化危为机""在危机中育新机、于变局中开新局"成为热议的话题。中国传统文化如何阐释、体现化危为机的智慧?中华民族五千年历史一路走来,为何能历经磨难坎坷而一次次化危为机,在逆境中奋发?传统文化中化危为机的智慧对

---

① (宋)苏轼:《苏轼文集》卷七《禹之所以通水之法》,北京:中华书局,1984 年,第 220—221 页。

当今有何启示？这些问题值得深入研讨。

在词语"危机"中，"危"字意味着危险，而"机"则让人想到机会，这两个字看似意义相对，却被组合在一起，体现出一种辩证的思维。"危机"的重点在"机"字上，但这里"机"字不是表机遇、机会，它是"几"的通假字。危机一词最早写作"危几"，"危"字从古至今意义没有太大变化，就是危险、危难，而"几"字可以通过《周易·系辞下》中的一段话来理解："知几，其神乎！君子上交不谄，下交不渎，其知几乎！几者，动之微，吉凶之先见者也。君子见几而作，不俟终日。"意思是说真正具有很高格局和见识的人，会在事情萌发阶段就预知和判断，作出正确的应对决策。从"动之微"可看出，"几"表示很渺小、不易察觉的苗头和趋势。所以"危几"一词最早是指祸患或灾难在萌芽状态。后来"几"与"机"通假，"危几"写作"危机"，"机"又有表机会、机遇的义项，"危机"一词在使用中就出现了辩证的意味。这种词汇内涵的变迁与丰富无疑提示我们危与机总是并存的，要善于在危中寻机、化危为机。

"危几"这个词对我们当今的启发，就是要有居安思危、未雨绸缪、见微知著、主动应对的忧患意识。习近平总书记用百年未有之大变局来形容当今世界局势，紧接着他有这样一段话令人印象深刻："我们面临的风险挑战之严峻前所未有。这些风险挑战，有的来自国内，有的来自国际，有的来自经济社会领域，有的来自自然界。"①也就是说，我们目前面对的挑战，有看得见的，也有看不见

---

① 习近平：《关于〈中共中央关于坚持和完善中国特色社会主义制度、推进国家治理体系和治理能力现代化若干重大问题的决定〉的说明》，《人民日报》2019 年 11月 06 日，第 04 版。

的,这体现的就是"危几"一词的本意。因此古人"察几知微"的智慧对我们今天的启发在于,要化危难为机遇,很重要的一点是要把问题化解在萌芽之时、成灾之前,务必保持战战兢兢,时刻清醒的状态。

当然,"危机"一词最早虽然没有辩证之意,但危中寻机的理念与智慧很早就有了。西汉政论家贾谊《新书·铜布》中说:"故善为天下者,因祸而为福,转败而为功。"唐代韩云卿《平蛮颂序》中有:"化险阻为夷途。"包括我们很熟悉的《老子》中"祸兮福所倚,福兮祸所伏",这些经典名言与"化危为机"之意相近。此外,诸如"山重水复疑无路,柳暗花明又一村""沉舟侧畔千帆过,病树前头万木春""不经一番寒彻骨,怎得梅花扑鼻香"等古诗词,也都是对化危为机的诗化表达。

遍数古往今来的无数史实,能体现化危为机智慧的历史故事非常多,如果依照不同类型来举例,可从大战略、大战役、大变革三个角度剖析三个极具典型性的历史事件。

所谓大战略,就是在一个发展阶段内对治国理政方略进行较大的转变,这里不妨以汉武帝为例。在汉武帝即位之前,汉朝经历了文景之治,在他执政初期,看似是承接了一个治世,但其实整个国家在政治、经济、文化包括边疆等各方面都存在很多潜在的危机。例如,在政治上,郡县与分封诸侯国并行的体制使得整个国家权力不集中,一些势力较大的诸侯王称霸一方;思想文化上,汉初一直奉行黄老"无为"政策,朝廷上下思想不统一,很多治国举措落实不下去;经济上,国库并不宽裕,一些有力的政策得不到足够的财政支持。而各种隐患之中,匈奴带来的边疆危机是汉武帝最大的心腹之患。即位后,汉武帝采取了颁布推恩令、罢黜百家独尊儒术、盐铁官营等治理策略巩固在国内的统治,在此基础上通过任用优秀将领、提高军人待遇、扩大军备投入等方式,花费巨大代价,用长达四十四年的时间彻底解决了匈奴问题,实现"漠南无王庭"。这一化解治理危机的过程,也是汉朝走向强盛的重要时期。

当然,这一系列举措带来的不仅是汉朝国内疆土的稳固,汉武帝开始经营西域,畅通丝绸之路。无论是反击匈奴或是经营西域,这都展现了很大的视野和格局,在解决国内危机的过程中开辟了一个非常重要、伟大的新机,这个机遇为整个中亚乃至东西方经济文化交流都提供了一个桥梁,甚至可以说为人类文明的交流融合开创了一个难得的时代,在人类历史上都是值得称道的。这个故事中我们可以看出,要善于发现危中之机,很多历史进步,正是在排除万难中取得的。无论是先进的制度、高效的治理,还是充满活力的经济、强大的军事实力,都是从解决现实问题、应对潜在危机中产生的,危与机犹如硬币两面,并非绝然对立,恰恰是相反相成,祸福相依。

所谓大战役,指在生死一线的情况下转危为安,淝水之战便极富代表性。这是历史上著名的以少胜多的战例。有八十万军力的前秦出兵仅有八万军力的东晋,看起来东晋几乎没有赢面,但最终为什么能化弱为强?可从两方面来分析原因:

先看东晋,首先是做到了临危不乱,坚决抗战,态度意志坚定;其次上下同欲,主将有能,将士同心,战斗力强;三是知己知彼,对整个战局和敌我实力有清晰的把握,在此基础上制定战略;四是战术得当,以智激敌,不急于求成且随机应变。再看前秦,它恰与东晋相反,可谓"化机为危",其问题在于骄傲自大、内部不团结,没有大局意识、战略思维,战线拉得太长却心态着急,以致忽略了隐患,越是想毕其功于一役却越是功亏一篑。这对我们的启发就是,不是只有弱者才存在危机,无论是处于低谷或是很好的势头,都会存在危机。而机会之中也总是潜藏着危险:大好时机会让人麻木,对危险失去警觉,使良机潜化为危机,必须要时刻保持清醒和忧患。并且身处危险之中的群体,首要之务即始终保持内部一心,毕竟堡垒的溃灭往往是始于成员心态的崩溃、团队的离析。

第三个角度是大改革,以张居正改革为例。当时明朝面临的危机和汉武帝、东晋面对的问题是不同的,这一危机源于明朝自身承平已久而日渐积累的问题,张居正用五大积弊来概括:"曰宗室骄恣、曰庶官瘝旷、曰吏治因循、曰边备未修、曰财用大匮"①,可谓政治腐败、边防松弛、民穷财竭,大厦即将倾倒。此时应对危机之法,更像是一场自我革命:政治上行考成法,军事上整饬边疆"外示羁縻、内修守备",经济上推行一条鞭法,整顿赋役制度、扭转财政危机……

经过这次改革,从根本上整顿了吏治,强化了中央集权的封建国家机器,基本上实现了法之必行、言之必效,社会经济有所恢复和发展。这就使得十分腐败的明朝政治有了转机。所以我想危机之"机"还体现在,常态下发动变革推动转型阻力巨大,想解决本该解决的问题也缺乏动力。危机降临没有退路,借力危机开路,自我革命,革故鼎新,反而可能置之死地而后生,实现凤凰涅槃。因此

---

① (明)张居正:《张太岳先生文集》卷一二《论时政疏》,明万历四十年唐国达刻本。

化危为机的过程,必定伴随着极其艰难的壮士断腕、挖疮割痛的剧痛,要有充分的心理准备与坚韧的变革毅力。

那么传统文化中有哪些理念或方法能够帮助我们看到危机中的"机"并将其把握运用好,是怎样的精神品质能让中华民族一次次在磨难坎坷中化危为机呢?

具体的理念方法有很多。比如首先要知势,古人说"察势者明,趋势者智,驭势者独步天下",无论是在强盛、承平已久或是危急关头,都要把握形势,清醒务实;其次要辩证,不要被眼前的危所吓倒,要善于发现几微之处的希望;同时求变也很重要,"穷则变、变则通、通则久",要灵活变通,顺势而为、乘势而上、借势而变。

从更深层次看,在逆境中奋发、在危机中寻求生机,是中华民族能够五千年历经坎坷而生生不息的重要原因,这背后一定是由中华民族的可贵品质和伟大精神为中国人民一次次冲破封锁、克服困境、化危为机提供着强大精神支撑。我认为主要可以从以下三点来理解。

首先是自强不息。"天行健,君子以自强不息"是中国数千年来的传世格言。历史证明,中华民族是一个不屈的民族、不服输的民族,永不言败的精神和品质深深地刻在每一个中国人的骨髓里。尤其是新中国成立以来,我们多少次被西方国家围堵、封锁,但是从没有屈服沉沦过。正如毛泽东在《别了,司徒雷登》中对美国人所说的那样,"封锁吧,封锁十年八年,中国的一切问题都解决了"。① 越是封锁、越是围堵,越是能激发我们自强不息、刚毅不拔

① 《毛泽东选集》第四卷,北京:人民出版社,1991 年,第 1496 页。

的气节和发奋图强、奋勇向前的精神，越是能让我们走出一条自力更生、艰苦奋斗的道路，越是能爆发出前所未有的创新潜力和超越能量，取得超乎世界想象的巨大成就。

其次是改革创新。"明者因时而变，知者随世而制"，中国传统文化是通变的文化，是富有弹性和张力的文化。穷则思变、变中求新、新中求进、进中突破，这是中国先哲对事物发展变化规律的深刻总结。回望历史可以看到，变革常常迸发于历史的关键节点，形成推动社会进步的强大力量。当然，我们的变革与创新不是对过去的否定，不是无中生有、凭空创造，而是稳中求变，是在传承基础上的革新。这种稳中求新求变的意识就是我们应对危机时强大的生命力。

还有一点非常重要：求真务实。我们始终坚持实事求是，直面问题，勇敢地自我革命。这里可从两个方面谈。首先是求真。面临巨大而繁难的危机，任何人心中不免会产生一种畏难情绪，甚至因为不愿直面而有意识或无意识地去回避问题，导致危险不断恶化，危上加危，诸多困难叠加，终致不可收拾。这显然违背了实事求是的原则。所以敢于正视难题而不畏缩，这就迈出了化解危机的第一步。其次是务实。克服危机，绝不是孤注一掷、不计代价，而是对自身的优势劣势进行系统深入的盘点，拿出一套富有可操作性且能保住基本盘的方案。化危为机，最终目的是要求发展、上台阶，而不是擦桌子、重新来。因此务实精神可谓化解危机时的"稳压器"。

中华传统文化中化危为机的智慧，对我们应对当前疫情及复杂国际环境等因素带来的考验与挑战，实现在危机中育新机、于变局中开新局,有着宝贵的启示。

当今世界正经历百年未有之大变局,风险挑战必然与之相随。习近平总书记反复强调要坚持底线思维,增强忧患意识,提高防控能力,着力防范化解重大风险,防范"黑天鹅""灰犀牛"事件发生,为党和国家发展的战略目标提供坚强保障。毛泽东同志也说过:"艰难困苦给共产党以锻炼本领的机会,天灾是一件坏事,但是它里头含有好的因素,你要是没有碰到那个坏事,你就学不到对付那个坏事的本领,所以艰难困苦能使我们的事业成功。"①以坚定信心、勇气和智慧来化危为机,是新时代推进党和国家事业发展的内在要求。而传统文化在这一过程中给我们的启发就在于,我们应当注意培养战略、历史、辩证、创新、底线等多种思维。

战略思维能帮助我们高瞻远瞩、统揽全局,把握事物发展的总体趋势和方向,以长远眼光和全局视角对可能出现的危机进行预判;辩证思维能帮助我们抓住关键、找准重点,及时在危中寻找到机,从而处变不惊、坚定信心;创新思维能帮助我们科学应变、开拓创新,打开工作的新局面;底线思维能帮助我们把问题解决在萌芽之时、成灾之前,同时让我们得以从最坏处着眼,做最充分的准备,朝好的方向努力,争取最好的结果。这些都是历史文化给我们的启发,从以上列举的几个历史案例可以得到印证。所以其中很重要的一点就是要具备历史思维,面对一些发展中出现的新问题,还是要往回看,从历史文化传统中汲取解决当代问题的智慧。拥有高明的历史见识和敏锐的历史意识,我们在日常处理各种急难险

① 《毛泽东文集》第三卷,北京:中央文献出版社,1996年,第390页。

重时,才能够真正做到"临危不乱,见机行事"。以史资政,永不过时。

# 八、千年家国两相依

中秋是阖家团圆、共享天伦的传统节日,国庆是举国欢庆、祝福祖国的重要时刻。如果"家"与"国"在时间上的相连只是一个美妙的巧合,那么在文化上的牵连则是一抔悠久的情怀。中国人的家国情怀是如何形成的,为何能成为中华民族几千年来一脉相承的价值理念?

## 家国情怀可溯源至西周时期的分封制

在 2020 年全国抗击新冠肺炎疫情表彰大会上,习近平总书记指出,"抗疫斗争伟大实践再次证明,社会主义核心价值观、中华优秀传统文化所具有的强大精神动力,是凝聚人心、汇聚民力的强大力量","中国人历来抱有家国情怀"。[①] 家国情怀是中华传统文化的精髓所在,只有读懂了中国人心中的家与国,才能理解那些在抗击疫情中的牺牲和奉献。而说到中国人的家国情怀,就绕不开中国古代社会家国同构的社会结构。

古代中国的社会关系,不是像古罗马帝国那样靠以契约为枢纽的法来维护,而是以伦理性的礼乐制度为基石。这套原理,源自

---

① 习近平:《在全国抗击新冠肺炎疫情表彰大会上的讲话》,《人民日报》2020 年 9 月 9 日。

西周时期的分封制。周天子封诸侯在各地立国,诸侯再分封土地和人民给公卿大夫立家,进而形成了金字塔式的封建等级秩序。换言之,"家国天下"是由宗法制与分封制连为一体的公卿大夫、诸侯与天子组成。天子象征着天下,诸侯意味着列国,公卿大夫代表着采邑,家国天下之间,通过层层分封与效忠形成了血缘—文化—政治共同体。他们彼此间既是亲戚,又是君臣,宛若一个大家庭,其间的依据便是周礼,这种关系网络复杂而严密。

春秋战国,礼崩乐坏,"家国天下"却得以在大一统的新型秦汉体制中更新换代。尤其到了汉武帝时,董仲舒提出了三纲五常思想,从而融旧于新,构筑了此后两千年来中国的主流意识形态核心内涵:宗法家族的父子、夫妇伦理与国家的君臣之道高度同构,王朝的政治关系是家族伦理关系的放大,伦理与政治高度一体化,这就是我们常讲的"家国同构"。正如古语所说:"一屋不扫何以扫天下?"在中国人的意境中,"斗室"与"天下"无异,"陋室"与"朝堂"同工。

传统中国家国同构的社会结构、生活方式及心理认知,成为中国人家国意识和家国情怀萌生滋长的土壤。此外,中国人的家国情怀还有一个很重要的成因。从中国近代史来看,中国人有超强的"国破家亡"的集体记忆,这是一种非常悲壮的记忆。鸦片战争后的一个世纪里,中国经历了这么多的西方列强入侵,这么多的战争创伤,这么多的战争赔款。我们的首都在第二次鸦片战争中被占领过,八国联军入侵的时候被占领过,日本侵华战争的时候被占领过,还发生过惨绝人寰的南京大屠杀。这些惨痛的经历给中国人带来"国破家亡"的集体记忆——国家完了,中国人的家也完了。

抗战时期,有一首很有名的爱国歌曲叫《松花江上》。其作者张寒晖目睹日本军队占领东北后,几十万东北普通百姓和东北军流亡到了西安。他有感而发,写下这首悲歌:"我的家在东北松花江上,那里有森林煤矿,还有那满山遍野的大豆高粱。我的家在东北松花江上,那里有我的同胞,还有那衰老的爹娘。"国与家就这样联系在一起了。

## 无法割舍的家国情怀让中华民族充满韧劲

立足于家国同构社会现实而产生的家国意识和家国情怀,不仅是历代胸怀抱负者实现人生理想的实践途径,也成为中华民族历朝历代治国理政的基本模式。

《大学》开篇对此说得最清楚:"物格而后知至,知至而后意诚,意诚而后心正,心正而后身修,身修而后家齐,家齐而后国治,国治而后天下平。自天子以至于庶人,壹是皆以修身为本。"

这里一方面强调一个人要想立德于天下,就要为国效劳,治理好自己的国家;另一方面又指出,要想报效和治理国家,必须管理好自己的家庭和家族;而整顿好家庭和家族,则应从修养自身做起,在格物致知、正心诚意上下功夫。如此,不仅将个人、家庭、国家纳入联动递进的演进链条和轨道,而且为千千万万明德有为之士指出了"修身齐家治国平天下"的进步阶梯和人生目标。家国情怀的产生和弘扬,正是在这条人生道路上开拓前行的必然结果,也是激励人们为国为家拼搏奋斗的情感基础和精神力量。

在五千年的中华文明史上,有政治昌明、风调雨顺的时刻,也不乏山河动荡、风雨飘摇的岁月。在中华民族每一个存亡之秋、危难关头,都有毁家纾难、精忠报国的人挺身而出,都有先忧后乐、心系百姓的人奔走呼号,都有身虽平凡、亦足奋勇的人当职尽责。这使得我们这个民族最大的特点是具有韧性,上下五千年,经历了无数的困难,但始终不屈不挠、葆有生机。

同时,家国同构与家国异构,带来了不同的治理模式。在中国传统文化背景下,典型的家族社会结构必然产生仁义礼智信、温良恭俭让这样的道德准则。衡量善治还是恶治的依据就在于它是否有利于民生,是否有利于百姓的生存与发展。由此,民生是中国历朝历代关注的重要政治主题之一。围绕这一关键问题与核心价值,又孕育出统一、和谐、责任、奉献、个人利益服从集体利益等为导向的价值观体系。

在西方文化中,从洛克的《政府论》到卢梭的《社会契约论》,"家"和"国"被看作两个不同的领域,遵循着不同的组织原则和治理原则。在洛克和卢梭看来,为了维护人的天生自由权,人们订立契约、成立政府;统治者的权力来源于被统治者的同意,人们联合成为国家和置身于政府之下的重大的和主要的目的,是保护他们的财产。在这种关系中,家庭只是人的自由权和财产权的结合体,政府是国家的临时代理机构。在这样的文化背景下,"民主"是现代西方政府永恒的政治主题,围绕这一关键问题与核心价值,西方文化发展出自由、人权、政治参与等为导向的价值观体系。

# 家国情怀的代代传承由家风家教开始

历史上的中国王朝盛衰更迭不断,家国情怀成为中华民族一脉相承的价值理念。每一个中国人对中华文化和这片土地深刻的眷恋和认同,是家国情怀的核心。中国人说"家国天下",其中家是血缘宗法家族,国是王朝所象征的政治共同体,天下则是中华文明共同体。王朝有盛有衰,但只要文明常在,则天下即长存。换言之,中华文明在何处,家国天下就在哪里。在漫长的历史进程中,中华文明与大一统国家交织互动,文明为国家提供向心力凝聚力,国家为文明赓续、文化繁盛提供支撑和荫庇。因此,无论世事如何变迁、朝代如何更迭,对原乡故土的朴素情感始终流淌在炎黄子孙的血脉之中,对多元一体的国家认同始终召唤着华夏儿女团结奋斗。

家国情怀在每一个普通人身上代代相传的途径,我们可以从几个方面来看:

从家庭层面看,家国情怀的代代传承由家风家教开始。家庭教育是每个人成长的起点,是人生不断进步的加油站,父母长辈、兄弟姐妹的言传身教、耳濡目染就成为个人发展、家族世代传承的宝贵资源。以这次抗击疫情为例,奔赴一线的逆行者们,在战场上是战士,在家中他们是父母,为孩子做出很好的榜样。所以我们看到,很多孩子尤其是在武汉的孩子,仿佛一夜之间长大了,他们学会独立自处和保护家人,不给家长添麻烦,甚至慢慢开始承担起家庭的责任,因为他们知道有人更比他们需要爸爸妈妈。这就是一种家国情怀的传承。

从国家层面看,得益于长期以来的教育和人才选拔制度。历朝历代的科举考试确保了儒家经学绵延不绝,成为具有根本性、权威性的指导经典,读书人在学习四书五经的过程中,对家国理念的认知也越来越清晰,并渗透到日常实践中。

从社会层面看,地方士绅是维系中国社会地方基层教化与教育的关键中介和载体,比如北宋的义学,明清的书院,这些私人书院和朱熹等地方大儒把家国理念以学术的方式、社会的途径传播开来。

过去有一种重要的教化手段:"高台教化",是老百姓接触的最重要的教育。老百姓一看戏、一听说书,就知道这是好人这是坏人。我们在不同的时代,塑造了很多英雄形象,如岳飞,史可法等,他们都承载着我们对家国情怀的传承。这些英雄形象再通过小说、戏剧、说书等方式不断演绎,从而得以深入民间百姓中。

此外,中国人的家国情怀往往淬炼于民族的磨难挫折中。前不久有一则新闻给我留下深刻印象。浙江援鄂医疗队一名医生在接受采访时回忆起这样一幕:在深夜的武汉,换班医生们在公交车上齐声唱起《歌唱祖国》给自己打气:"宽广美丽的土地,是我们亲爱的家乡……"从这个平凡的瞬间,每个人都能感受到自己与他人、个人与国家之间强烈的精神共鸣。就在这样的个人和国家民族的同身共命、同频共振中,家国情怀得到了进一步的淬炼与涅槃。

## 实现中华民族伟大复兴的中国梦就是
## 新时代家国一体的最新表述

中华上下五千年，向来注重家国理念，但曾经也几度"散沙一盘"。加拿大著名学者查尔斯·泰勒在《现代性中的社会想象》一书中提出"大脱嵌"（great disembedding）的命题，即传统社会到近代社会的历史转型中，发生了一场个人与国家、社会乃至前现代的宇宙秩序相脱离的轴心革命。

"大脱嵌"发生在中国，则是一百多年前的清末民初，个体挣脱了"家国天下"的规训，即谭嗣同所谓"冲决网罗"。彼时中国内忧外患、四分五裂，山河破碎、民不聊生，整个社会"国不知有民，民不知有国"。可以说，在传统社会里，家国理念并不必然产生出家国一体的社会。

和谐有序的社会，需要一个前提来引领，那就是有一个强有力的中央政府，进而由她倡导形成一个完善的价值体系。汉唐宋元明清，历朝历代的治世莫不如是。

新时代意味着中国发生了全面的深刻变革，但这并不意味着与传统思想精神的决裂，家国情怀这一中国优秀传统精神继续发挥着重要作用，并有其新的时代内涵与独特价值。实现中华民族伟大复兴的中国梦就是新时代家国一体的最新表述。

作为现代民族国家的中华人民共和国，是自鸦片战争以来不断觉醒、不断融合的新中国。今天的中国有五十六个民族，各族人民共同拥有和建设了今天的中国，并共同拥有和共享了为全世界人民所公认的名字：中国人。对于多元一体的中华民族大家庭而言，我们要通过更多努力来铸牢中华民族共同体意识，让中华五十六个民族像石榴籽一样紧紧地抱在一起。

在当代涵养家国情怀，要注重家庭建设。从个人修身做起，从小的家庭单位做起，从与父母亲人的关系入手，用适应新时代的家风家教方式，把社会主义核心价值观融入其中。

要把家国情怀融入不懈的奋斗中。经过此次疫情，中华儿女的情感纽带更加牢固，对孕育在中华文明之中的发展道路、制度优势更加自信。未来道路上，越是风疾雨骤，越是惊涛骇浪，越需要我们同心同德、同力同向，上下一条心、拧成一股绳，扎扎实实做好自己的事情，用实际行动守卫我们的国与家。

还需要强调的一点是，中国是一个开放的国家，大道不孤，我们不能忘了"天下"的观念。正是因为有了对"天下"的关怀，才让我们家与国的同构显得很大气、很有格局。这就是说，我们倡导家国情怀，不代表我们只关上门来做自己的事，而是要与世界、与人类文明接轨，要把人类命运共同体的观念非常自然地融入我们的家国观念中去。

# 第五章　历史修养

《中庸》有言："小德川流,大德敦化,此天地之所以为大也。"所以说,培育天地之大德乃是领导干部的终身必修课。在一个前所未有之大变局中,缺乏人格与道德的政治家,是难以负重而致远的。

## 一、"此天地之所以为大也"

唐代著名诗人杜牧曾有一首称颂彼时官员勤政为民的诗作,曰:

> 汉水横冲蜀浪分,危楼点的拂孤云。
> 六年仁政讴歌去,柳绕春堤处处闻。

前两句看似描摹景致,实则形容当地政情之复杂,环境之险恶;后两句意在表彰政绩,治理者夙夜在公,改易风俗,终使百姓受惠,造福一方。

此诗题为《寄牛相公》,这位牛相公即唐代中后期重臣牛僧孺。言及此人,后世多因其与李德裕党同伐异而贬之甚低。然而知人论世贵在慎重全面,岂可仅以党争便断定其一生功过?细查牛僧孺之宦涯,其前期政治作为,堪称污浊官场的一股难得清流。

首先,牛僧孺直言无惧。初涉政坛,牛即"条指失政,其言鲠讦,不避宰相",闻名朝野。唐穆宗初年,时任御史中丞的牛僧孺鉴于"州府刑狱淹滞,人多冤抑","条疏奏请,按劾相继,中外肃然"。①

其次,牛僧孺清廉无私。当时藩镇将领韩弘之子韩公武为掩盖其父不堪往事,不惜以重金结交收买朝中权贵,"班列之中,悉受其遗"。待父子二人死后,朝廷查抄家产,发现一本行贿名簿,满朝文武皆多少与之有所关联。唯独就牛僧孺一人,韩公武特意撰有一条注释道:"某月日,送牛侍郎物若干,不受,却付讫。"②牛之拒腐能力,可见一斑。

再次,牛僧孺去位无憾。唐敬宗登基后,宠信宦官佞臣,政局乌烟瘴气,牛"不奈群小,拜章求罢者数四"③,毫无贪权恋栈之意,终得国君同意,外放鄂州刺史,任职汉水蜀浪交汇之地。

---

① （后晋）刘昫等:《旧唐书》卷一百七十二《牛僧孺传》,北京:中华书局,1960年,第4469页。

② （后晋）刘昫等:《旧唐书》卷一百七十二《牛僧孺传》,北京:中华书局,1960年,第4470页。

③ （后晋）刘昫等:《旧唐书》卷一百七十二《牛僧孺传》,北京:中华书局,1960年,第4470页。

不难看出,牛僧孺守正、自重、淡泊,故颇有君子理政之德,从而能够倡扬清朗洁净之政风,于吏治风俗颓坏之鄂州施仁政、创实绩。据《旧唐书》载,"江夏城风土散恶,难立垣墉,每年加板筑,赋青茆以覆之。吏缘为奸,蠹弊绵岁"。牛氏抵任后,"凡五年,墉皆甃葺,蠹弊永除。属郡沔州与鄂隔江相对,虚张吏员,乃奏废之,以其所管汉阳、汊川两县隶鄂州"。① 正因其为民除弊兴利,牛僧孺离开后,柳荫下、春堤边的百姓们仍时常对前任长官交口称誉。

胸怀政德,改塑政风,从而立下政绩,这或是地方从政时期的牛僧孺,留给后世的"鄂州经验"。反观当前的某些干部,却在对待政德、政风与政绩关系上出现错位甚至颠倒。他们往往为了谋求所谓"进步",热衷于各类"面子工程""形象工程",乃至陷入"唯GDP 主义"的怪圈,自认只要经济指标漂亮好看,就是最大的政绩,放松了自身政德修养、忽视了地区政风塑造,于是违纪违法违规现象屡有发生。正是直面该问题,在 2018 年两会期间,习近平总书记在参加山东代表团、重庆代表团审议时强调"功成不必在我并不是消极、怠政、不作为,而是要牢固树立正确政绩观","政治生态同自然生态一样,稍不注意就容易受到污染","领导干部要讲政德。政德是整个社会道德建设的风向标"。② 通观习近平总书记这三方面的讲话精神,实际上为新时代领导干部提出了极其重要且需具体落实的命题和要求:政德怎么修,政风怎么塑,政绩怎么谋。遵循

---

① (后晋)刘昫等撰:《旧唐书》卷一百七十二《牛僧孺传》,北京:中华书局,1960 年,第 4470 页。

② 《习近平、李克强、栗战书、赵乐际分别参加全国人大会议一些代表团审议》,《人民日报》2018 年 3 月 11 日。

三者间的内在逻辑关联,作为党员领导干部,应首重政德,化育政风,勇创实绩。

　　政德乃为政之本,塑风气之资,立政绩之道。《论语》中云:"为政以德,譬如北辰,居其所而众星共之",做官首重立德。恰如钱穆先生所言,"德,得也。行道而有得于心,其所得,若其所固有,故谓之德性。为政者当以己之德性为本"①,从而形成政德,作为施政之本、执政之基。只有蕴涵正确政德之风,方是良好之政风,只有正确政德引导下之政绩,才是真正之实绩。故政德怎么修,尤为关键。政德贵在修、重在严、化于心。习近平总书记对此有过明确要求。在 2015 年全国党校工作会议上,总书记旗帜鲜明地指出,"对领导干部而言,党性就是最大的德","党性教育是共产党人修身养性的必修课,也是共产党人的'心学'"。② 因此党员干部必须重视学习,尤其是经典理论学习,时刻注重自我反省,严于律己,秉公用权,做到明大德、守公德、严私德,"铸牢理想信念、锤炼坚强党性,在大是大非面前旗帜鲜明,在风浪考验面前无所畏惧,在各种诱惑面前立场坚定","强化宗旨意识,全心全意为人民服务,恪守立党为公、执政为民理念","严格约束自己的操守和行为"。③ 将政德内化于心,外见之行,从而在实际工作中施德政、行善治。

　　政风乃执政之要,借政德而塑,保政绩不失。北宋学者邢昺曾讲:"在上君子,为政之德若风;在下小人,从化之德如草。"④也就

①　钱穆:《论语新解》,北京:生活·读书·新知三联书店,2005 年,第 23 页。
②　习近平:《在全国党校工作会议上的讲话》,《求是》2016 年第 9 期。
③　《习近平、李克强、栗战书、赵乐际分别参加全国人大会议一些代表团审议》,《人民日报》2018 年 3 月 11 日。
④　(清)阮元校刻:《十三经注疏》第五册,北京:中华书局,2009 年,第 5440 页。

是说,从政者须以自身良好的政德来营造积极健康的政治生态。倘若党员干部其身不正,则不仅个人会出问题,也会对一个地区、一个机构、一个团队贻害甚大,不可忽视。故政风怎么塑,关乎深远。政风贵在久,重在导,身垂范。晚清名臣曾国藩在总结其从政经验时谈道:"一省风气全系于督抚、司道及首府数人,此外官绅皆随风气为转移。"①其启示意义在于作为"关键少数"的执政者,对于政风塑造的作用极其重要。所以广大领导干部,应"自觉担当领导责任和示范责任,把自己摆进去、把思想摆进去、把工作摆进去,形成'头雁效应'"②。要有持之以恒正风肃纪之决心信心,加强教育引导,注重破立并举,凭借政德来塑风,为实绩佳绩保驾护航,才能逐渐形成风清气正的政治生态。

政绩乃施政之果,由政德铸魂,依政风引导。所谓政绩,顾名思义,即官吏在职期间办事的成绩。按照现代公共管理的概念,所谓政绩,是指政府在积极履行公共管理职能和承担公共责任的过程中,所作出的去除施政成本后且满足人民需求的输出结果。它必须经得起人民群众、实践和历史的检验,它一定是由正确政德培育和优良政风熏染下的结果。职是之故,作为党的领导干部,必须实实在在为人民谋幸福,为地方谋发展,这是从政之原则,亦是施政之善果。由此政绩怎么谋,牵涉大局。政绩贵在实,重在行,用心纯。政绩之精要,无非一个实字。领导干部必须谋事要实、创业要实、做人要实,决策用权符合实际、符合规律、符合科学,知

① (清)曾国藩:《曾国藩全集·日记一》,长沙:岳麓书社,1994年,第688页。
②《习近平、李克强、栗战书、赵乐际分别参加全国人大会议一些代表团审议》,《人民日报》2018年3月11日。

行合一,谨记初心。唯其如此,方可博得"柳绕春堤处处闻"之嘉誉。

要之,修政德,塑政风,谋政绩,重中之重在于德。正确的政德是形成良好政风之本,领导干部首务在于立德,严私德、守公德,以明大德。成风化人,以身示范,从而塑造健康的政治生态。过硬的政德是铸就树立正确政绩之源,领导干部要积德,常怀功成不必在我之心,胸怀成功必须有我之念,既要做显功,也要做潜功,最终以好的政绩促政风、显政德。三者表里结合,融为一体。唯有牢记此大本大源,方能立德积德,才是一名合格的领导干部。

行文至此,不妨再看下《新唐书》对牛僧孺之盖棺评价:

> 夫口道先王语,行如市人,其名曰"盗儒"。僧孺、(李)宗闵以方正敢言进,既当国,反奋私昵党,排击所憎,是时权震天下,人指曰"牛李",非盗谓何?①

为何当年的骨鲠大臣,最终落得个口称仁义而行如盗贼的"盗儒"之名?究其缘由,恐怕最主要的还是牛僧孺丧失了对政德的秉持与坚守。《中庸》有言:"小德川流,大德敦化,此天地之所以为大也。"所以说,培育天地之大德乃是领导干部的终身必修课。

---

① (宋)欧阳修、宋祁:《新唐书》卷一百七十四《牛僧孺传》,北京:中华书局,2017年,第5242页。

## 二、《论语》"君子"之境的当代价值

《论语》是我国儒家思想之代表作,内容丰富,含义深邃。它集中体现了以孔子为代表的儒家"齐家治国平天下"等一系列思想学说。尤其是全面谈论有关君子的问题,教人如何修身、处世、治学、从政,两千多年来,对中国人有深远影响。孔子所说的"君子"具有特殊含义,一指那些出身高贵、地位较高的统治者;二指那些具有很高的道德修养、能够遵循礼乐的人。《论语·学而》中说"君子务本,本立而道生"。可见君子懂得世界的根本之道,并懂得处理事情的根本之道。

### (一)《论语》中的"君子"

《论语·为政》有句名言:"子曰:吾十有五而志于学,三十而立,四十而不惑,五十而知天命,六十而耳顺,七十而从心所欲不逾矩。"这句家喻户晓之言,既是孔子一生自我修养之总结,也可视作古代君子的境界。明末大儒顾宪成曾如此剖析孔子心目中"君子":"这章书,是夫子一生年谱,亦是千古作圣妙诀……夫子自十五志于学至四十而不惑,是修境;五十知天命,是悟境;六十耳顺至七十从心,是证境。"①这段话点评得非常精辟,将如何养成君子的三重境界提炼得十分到位。修境即不断学习、完善自我、确立志

---

① 程树德:《论语集释》,北京:中华书局,1990 年,第 474 页。

向、积极进取的过程；悟境即随着人生经验日益丰富，阅历的不断积淀，真正了解自身短长，领悟世界本质，走向成熟的过程；证境则是对人生顺逆已了然于胸，对世事无常已泰然处之，不以物喜、不以己悲，在繁杂的规矩中可以求得自由的化境。

"修境"即古时读书人求学问道之起始。它分为三个层次：志于学、而立与不惑。志于学，意味着人生目标的确定。其意义在于将学术研究和道义当作人的终身事业，标志着道统独立于政统并高于政统，读书人从此成为社会核心价值的承担者，即担道之士。所谓而立，就是个人有了自己的事业，身份得到肯定。此乃事业之起步期。试想一个人经过孜孜以求，苦苦努力，学业有成，事业确立，理想看似越来越近。这个人就应呈现奋发有为、跃跃欲试，踌躇满志、锐气十足之态。这种状态固然颇佳，但远远不够。他的见识、修为、眼光、气度还不足以应对这个纷纭复杂的大千世界。所以，还需要继续修炼，以至"不惑"，即对自己的人生追求不再疑惑，对自己的人生方向不再动摇，对世间种种光怪陆离、纷纭复杂的现象，皆能泰然处之，做出正确的价值判断。也就是具备了分辨是非、美丑、善恶的能力。

"悟境"指个人修为的突破期。君子随着知识的积累、事业的发展、阅历的丰富，还要迈过一道关键的坎儿，进而达到"知天命"。虽然说知天命是悟境，但这并不意味着学习的结束、努力的尽头。恰恰相反，这只是君子修养的又一个起点。孔子讲"不怨天，不尤人，下学而上达，知我者其天乎！"既然"天命"是"上天"给你下达的"命令"、是"天"规定了的你的"使命"，世界上的事，并不是你想做什么就可以做什么，即使你的想法是对的，也不一定能做得成。

故而人立身在世,所能做的事,只是去努力完成"天""分配"给你的"任务",这是你应该做的,也是你可以做的。明确了"天命",有了人生的"定位",如果再"越位""僭越",或者做"不到位",就不是"君子"。君子要努力使自己"到位",唯有继续前行,才能抵达君子修养的终点。

"证境"就是君子修养的化境。即做到"耳顺"和"从心所欲"。清代学者焦循曾将"耳顺"解释为"耳顺即舜之察迩言,所谓善与人同,乐取于人以为善也。顺者,不违也。舍己从人,故言入于耳,隐其恶,扬其善,无所违也。学者自是其学,闻他人之言,多违于耳。圣人之道,一以贯之,故耳顺也"①。说的是君子能以公认为正确的意见为标准,同时吸取他人意见中符合标准的正确意见。无论什么话听来不违于心、不逆于耳,能够从他人的意见中分辨出正确的看法,又能从他人的意见中分辨出不正确的看法。对于十分错误的说法也不予计较,不萦怀于心。这样就能顺利通达,入耳入心。

君子"耳顺"之后,便达至化境,可以"从心所欲不逾矩"。唐代文学家柳宗元指出:"孔子七十而纵心,彼其纵之也,度不逾矩,而后纵之。"②柳氏认为孔子之所以能够从心所欲,是因孔子有道德自信,自认内心的欲望不会超出社会规矩的范围。依柳宗元之理解,规矩是前提,只有"不逾矩"才可"纵之"。反过来讲,如果"逾矩"的欲望则不可以随随便便遵从。儒家承认人在现实生活中,确实有着各种各样不合礼法、不合规矩的欲望。在这一基本预设下,人心的各种欲望若不加限制,不以"道心""天地之性"加以引导的话,

---

① 于省吾:《〈论语〉新证》,《社会科学战线》1980 年第 4 期。
② 程树德:《论语集释》,北京:中华书局,1990 年,第 77 页。

就可能随着自身欲望的横流而蒙蔽良知，并从而生出恶念、做出恶行。孔子的"从心所欲，不逾矩"，是经过长期的自我修养和自我控制，内外打通，知行合一，才达到的人生境界。

## (二)《论语》中的君子之道

诚如前言，君子既要担道，更要弘道。所谓的"道"究竟为何物？按照孔子的说法，"吾道一以贯之"。当是一系列理论的集合。其道始于"天"。早期人类社会的思想家们，通常都选择"天"或"神"作为自己学说的理论依据。孔子继承了西周以来"天"的观念，认为天地自然的秩序，就是最和谐、最完美的秩序，这就是"天道"。这既是孔子之道的起点，也是最终的落脚点。既然天道难违，就应当效法。一方面人类社会要按照天道运行的法则来组织设计；另一方面，人性是天命的衍生，为人处世必须符合天性。作为君子要知天道，行天道。具体来说：

以仁为己任。孔子谈君子之道，核心内容是要求君子遵循天道，遵循合理的行为规则，并认为这就是"仁"。这就是由近及远、推己及人的忠恕之道。而君子的这种人格，只有在实际生活中，在处理与他人的种种关系中才能体现。行文至此，我们再回顾《论语》中曾子那句充满激情与担当的话语："士不可以不弘毅，任重而道远。仁以为己任，不亦重乎？死而后已，不亦远乎？"心中定会萌生新的感悟和人生豪情。

以复礼为使命。孔子所处的时代，是礼崩乐坏的时代。他积极维护和主张礼乐规范，要求君子"克己复礼"，通过恢复礼乐来达到社会的良性循环。社会鉴于成员的性别不同,身份不同,关系不同,需要一套基本规范,规定每个人的本分,保持既有秩序。这样,一种形式化的仪式和制度——礼就确立了。礼就是从人的行为上约束人的规范。对于君子而言,孔子主张"正名"。"名不正则言不顺,言不顺则事不成,事不成则礼乐不兴,礼乐不兴则刑罚不中,刑罚不中则民无所措手足。故君子名之必可言也,言之必可行也。君子于其言,无所苟而已矣。"很显然,"正名"正是君子复礼的具体要求。

以弘道为途径。孔子说"人能弘道,非道弘人"。强调君子立志闻道弘道,但只有不断地提升自己的道德修养和精神境界,才有可能通达天道。用《中庸》里的话来解释,是"大哉圣人之道,洋洋乎,发育万物,峻极于天,礼仪三百,威仪三千,待其人而后行。故曰:苟非至德,至道不凝焉"。用《易传》里的话说,即"苟非其人,道不虚行"。强调君子领悟和践行天道,要自觉地悟道,扎实地行道。这才是君子坚持走向至善至美的正途,也正是孔子具有知其不可而为之风范的精神力量之所在。

## (三)中国共产党人对"君子"之境的理解与借鉴

当历史步入 20 世纪,世人对孔子的评价可谓反反复复,誉之者捧至九天之上,毁之者踩至九地之下,极富戏剧性。此"翻烙饼"式情形自然影响到国人对儒家"君子"人格的认知。

30 年代,国民党掀起一股"尊孔"高潮,先是决议恢复全国祭孔,后推行"新生活运动",把"礼义廉耻"和"忠孝仁爱信义和平"作为此活动的中心准则。就此逆流,鲁迅特意撰写《在现代中国的

孔夫子》一文,径直强调:

> 　　总而言之,孔夫子之在中国,是权势者们捧起来的,是那
> 些权势者或想做权势者们的圣人,和一般的民众并无什么关
> 系。然而对于圣庙,那些权势者也不过一时的热心。因为尊
> 孔的时候已经怀着别样的目的,所以目的一达,这器具就无
> 用,如果不达呢,那可就更加无用了。在三四年以前,凡有企
> 图获得权势的人,就是希望做官的人,都是读"四书"和"五
> 经",做"八股",别一些人就将这些书籍和文章,统名之为"敲
> 门砖"。①

　　彼时的中国共产党人,对于孔子特别是"君子"人格,有着理性
客观的认识。毛泽东在作于 1938 年的《中国共产党在民族战争中
的地位》里指出:"今天的中国是历史的中国的一个发展;我们是马
克思主义的历史主义者,我们不应当割断历史。从孔夫子到孙中
山,我们应当给以总结,承继这一份珍贵的遗产。"② 1939 年 7 月,
刘少奇同志在延安马克思列宁学院作题为《论共产党员的修养》的
演讲,特意以《论语》中"君子"养成之途为例,"孔子说:'吾十有五
而志于学,三十而立,四十而不惑,五十而知天命,六十而耳顺,七
十而从心所欲,不逾矩。'这个封建思想家在这里所说的是他自己
修养的过程,他并不承认自己是天生的'圣人'"③。何况身处伟大

---

① 《鲁迅全集》第六卷,北京:人民文学出版社,1981 年,第 316—317 页。
② 《毛泽东选集》第二卷,北京:人民出版社,1991 年,第 534 页。
③ 刘少奇:《论共产党员的修养》,武汉:湖北人民出版社,1980 年,第 5 页。

革命年代的中国共产党党员，"必须在广大群众的革命斗争中，在各种艰难困苦的境遇中，去锻炼自己，总结实践的经验，加强自己的修养，提高自己的思想能力，不要使自己失去对于新事物的知觉，这样才能使自己变成品质优良、政治坚强的革命家"①。可知，"君子"之境对于提高中国共产党人的修养，有其特殊意义。

在中国特色社会主义进入新时代的大背景下，党员干部其角色与使命恰如古时儒家学者眼中的君子，必须闻道、担道、布道。习近平总书记在 2018 年两会期间强调"领导干部要讲政德。政德是整个社会道德建设的风向标。立政德，就要明大德、守公德、严私德"②。这正是对传统为政之道与中国共产党人党性修养最新的凝练结合。抚古思今，当代中国领导干部如何理解、运用这部经典所蕴藏的丰富哲理与智慧，成为当代中国的"君子"，在推进社会主义现代化强国建设中发挥"关键少数"的作用，显得尤为必要。

钱穆先生曾言："孔门论政主德化，因政治亦人事之一端，人事一本于人心。德者，心之最真实，最可凭，而又不可掩。故虽蕴于一心，而实为一切人事之枢机。论政亦非例外。"③领导干部主政施政，必须结合政德，融为一体。

首先，为政以德。《论语》有云："为政以德，譬如北辰，居其所而众星拱之。"对于党员干部而言，德是首要的、第一位的，是人民群众最为看重的品行，也是选拔任用时考察的重点内容。就笔者

---

① 刘少奇：《论共产党员的修养》，武汉：湖北人民出版社，1980 年，第 4 页。
② 《习近平、李克强、栗战书、赵乐际分别参加全国人大会议一些代表团审议》，《人民日报》2018 年 03 月 11 日。
③ 钱穆：《论语新解》，北京：生活·读书·新知三联书店，2005 年，第 23—24 页。

浅见，"德"是每个干部的核心理念，处理任何事情都要体现一个"德"字。具体而言，领导干部要具备兼听则明的胸怀，以防出现"片言可以折狱"的情况。要讲求体恤下属、一言九鼎的诚信，时时保持"惠而不费，劳而不怨，欲而不贪，泰而不骄，威而不猛"的心态与方法。不能如孔子所言重蹈"不教而杀谓之虐，不戒视成谓之暴，慢令致期谓之贼"的覆辙。要掌握善治良治的工作方法，从而塑造团队机构的内在凝聚力，即"导之以政，齐之以刑，民免而无耻。导之以德，齐之以礼，有耻且格"。只有这般，领导干部才能兼有"其行己也恭，其事上也敬，其养民也惠，其使民也义"的政治品格与政治修养。也唯有如此，方能形成"其身正，不令而行"的良好政治生态与政治文化。

其次，为官修德。就是要始终将党性修养、个人道德摆在前面。把如何领悟、用好这门"心学"，作为每位领导干部的必修课与终身课。正如习近平总书记在全国党校工作会议上讲的那样："对领导干部而言，党性就是最大的德。现在干部出问题，主要是出在'德'上、出在党性薄弱上……'种树者必培其根，种德者必养其心。'党性教育是共产党人修身养性的必修课，也是共产党人的'心学'。"①仔细体悟习近平总书记此番谆谆之言，就会发现，这不仅规定了领导干部的德行修养，也揭示出政德与政绩、政风的内在关联。正确政德是形成良好政风之本，领导干部首务在于立德，严私德、守公德，以明大德。成风化人，以身示范，从而塑造健康的政治生态。过硬政德是铸就树立正确政绩之源，领导干部要积德，常怀

① 习近平：《在全国党校工作会议上的讲话》，《求是》2016年第9期。

功成不必在我之心,胸藏成功必须有我之念,既要做让老百姓看得见、摸得着、得实惠的实事,也要做为后人作铺垫、打基础、利长远的好事,既要做显功,也要做潜功,最终以好的政绩促政风。唯有牢记此大本大源,方能立德积德,作为当代"君子"的领导干部,应如此,须如此,定如此!

## 三、共产党人当养"浩然之气":《孟子》的时代意蕴

1917 年与 1918 年间,尚在求学阶段的毛泽东同志,在阅读泡尔生的《伦理学原理》一书时,当看到"盖义务感情,虽可为去恶之作用,而大人君子,决非能以义务感情实现之者,大抵由活泼之地感情之冲动而陶铸之焉",不禁写了这样一段按语:

> 谚所谓一人舍死,百人难当者,皆由其一无顾忌,其动力为直线之进行,无阻回无消失,所以至刚而至强也。豪杰之精神与圣贤之精神亦然。泡尔生所谓大人君子非能以义务感情实现,由活泼之地感情之冲动而陶铸之,岂不然哉!岂不然哉!吾之意与孟子所论浩然之气及大丈夫两章之意,大略相同。[1]

---

[1] 中共中央文献研究室、中共湖南省委《毛泽东早期文稿》编辑组编:《〈伦理学原理〉批注》,《毛泽东早期文稿(1912—1920)》,长沙:湖南人民出版社,2013 年,第194 页。

本是读一部西方社会科学著作,却引发了毛泽东对中国传统文化的比照和联想,可见孟子"浩然之气"的说法对其有着极大的激励与影响。

《孟子》又岂止熏染了毛泽东一人,其中的很多思想资源对于中国共产党政治理论的形成与建构,都起到了不可小觑的支援作用。

## (一)

在漫长的儒学发展史上,亚圣孟轲担当着"第二小提琴手"的关键角色,《孟子》也以其特立独行、深邃博大的思想内涵跻身于"四书"行列。

《孟子·万章下》中曾言:"颂其诗,读其书,不知其人,可乎?是以论其世也。"按照南宋大儒朱熹的理解,"论其世,论其当世行事之迹也。言既观其言,则不可以不知其为人之实,是以又考其行也。"①前一句说,所谓"论其世",就是要研究和论述诗书作者在其所处的时世中的行为和经历。后一句说,读作品,就不能不了解作者的实际人生背景,因而必须考察他的行为和经历。

朱氏之论,颇中肯綮。孟轲一生,甚是坎坷。孟子的出生之时距孔子之死(公元前479年)大约百年,活动年代约在公元前372年至前289年。他是鲁国贵族孟孙氏的后裔。孟孙氏衰微后,有一支从鲁迁居到邹,就是孟子的祖先。孟子自道:"曾子、子思同道。

---

① (宋)朱熹:《四书章句集注》,北京:中华书局,1983年,第324页。

曾子,师也,父兄也;子思,臣也,微也。曾子、子思易地则皆然。"须稍待解释的是,这里的"同道",只是处理问题的道理相同,或所走的道路相同,并非特指师承。换言之,孟轲应是受业于子思的门人。

然而,身处"圣王不作,诸侯放恣,处士横议,杨朱墨翟之言,盈天下,天下之言,不归杨则归墨"的战国时代,孟轲辗转游历,半生出走,虽矢志不渝,却郁郁不得志。其四十岁方进入政坛,入仕之初便因一番"君之仓廪实,府库充,有司莫以告,是上慢而残下也"触怒邹穆公,只得离乡背井。首赴齐国,孟子却由于"庶人不传质为臣,不敢见于诸侯"之礼而与齐威王缘悭一面;后到滕国,虽深得文公器重,并立下"无恒产而有恒心者,惟士为能"之宏愿,但毕竟鉴于国力弱小,孟轲再度出走;西至魏国,孟轲与梁惠王多有问答,然"王亦曰仁义而已矣,何必曰利"的主张始终无法说服秉钧者,其黯然二次奔赴齐国;此时的当政者换作齐宣王,孟氏一度凭"独乐乐,与人乐乐,孰乐"的命题深获宣王之心,但于诸侯纷纷贪求武力与利益的时代,空呼"仁义"是没有市场施展的。

最终,公元前312年,孟子回到邹国。近30年的东奔西走、颠沛流离,令孟子明白:行王道只是浮云,有生之年无法实现了。

## (二)

但汲汲于淑世的孟轲,又不甘心毕生思想失传,于是他仿效《论语》,组织弟子一起编写了《孟子》一书。《史记》有载,"孟轲乃述唐、虞、三代之德,是以所如者不合。退而与万章之徒序诗书,述仲尼之意,作孟子七篇"①。具体说来,孟轲与万章、公孙丑等弟子讲学过程中,口授自己的经历与观点,并让弟子记录下来、自己加以整理删定的作品,不排除孟子写了部分、弟子记了一部分、弟子发挥了一部分的可能性。

在一次师生切磋中,公都子问道:"外人皆称夫子好辩,敢问何也?"孟子答曰:"予岂好辩哉?予不得已也。天下之生久矣,一治一乱。……我亦欲正人心,息邪说,距诐行,放淫辞,以承三圣者。岂好辩哉?予不得已也。能言距杨墨者,圣人之徒也。"因而不得不辩。孟子给后世留下了"王霸之辩""经权之辩""义利之辩""舜跖之辩""人性之辩"等著名命题。

综合而言,对于后世影响最大的,莫过于"民本说"与"君子说"。

孟子曾言:"民为贵,社稷次之,君为轻。"此即众所周知的"民贵君轻说"或"民本说"。倘具体言之,可涵盖五方面要求。其一得民心之策,当解决基本生活问题。《梁惠王上》有云:"故明君制民之产,必是仰足以事父母,俯足以畜妻子;乐岁终身饱,凶年免于死亡。然后驱而之善,故民之从之也轻。"所谓英明君王,其方法不过是善于制定务实稳妥的产业政策,保证人民上足以赡养父母,下足以抚养妻子儿女;好年成丰衣足食,坏年成也不致饿死。然后督促他们走善良的道路,老百姓也就很容易听从了。

其二得民心之策,须听从民意。孟子曾语重心长、不厌其烦地对齐宣王说过这么一个甄别人之善恶对错的道理:

---

① (汉)司马迁:《史记》卷七十四《孟子荀卿列传》,北京:中华书局,2017年,第2343页。

左右皆曰贤，未可也；诸大夫皆曰贤，未可也；国人皆曰贤，然后察之；见贤焉，然后用之。左右皆曰不可，勿听；诸大夫皆曰不可，勿听；国人皆曰不可，然后察之；见不可焉，然后去之。左右皆曰可杀，勿听；诸大夫皆曰可杀，勿听；国人皆曰可杀，然后察之；见可杀焉，然后杀之。故曰，国人杀之也。如此，然后可以为民父母。

可见民意不可违，要善于听从、顺应民意。

其三得民心之策，在于与之同忧同乐。这个道理很质朴，况且孟子毕生反复强调该问题。如孟子与齐宣王在探讨何谓真正的快乐时，他提出一个假设，假如君王在奏乐，百姓们听到鸣钟击鼓、吹箫奏笛的音声，都愁眉苦脸地相互诉苦说："我们大王喜好音乐，为什么要使我们这般穷困呢？父亲和儿子不能相见，兄弟和妻儿分离流散。"假如君王在围猎，百姓们听到车马的喧嚣，见到华丽的仪仗，都愁眉苦脸地相互诉苦说："我们大王喜好围猎，为什么要使我们这般穷困呢，父亲和儿子不能相见，兄弟和妻儿分离流散。"这显然不是真正的快乐。唯有做到"与民同乐"，方是王道，如此"王与百姓同乐，则王矣"。

其四得民心之策，危难之际必救民于水火。孟子第二次在齐期间，发生过这样一件事情。彼时齐、燕两国交战，齐大获全胜。齐宣王起初没搞明白获胜原因，便问孟子："有人劝我不要占领燕国，有人又劝我占领它。我觉得，以一个拥有万辆兵车的大国去攻打一个同样拥有万辆兵车的大国，只用了五十天就打下来了，光凭

人力是做不到的呀。如果我们不占领它,一定会遭到老天的惩罚。占领它,怎么样?"孟子的回答可谓理直气壮:

> 取之而燕民悦,则取之。古之人有行之者,武王是也。取之而燕民不悦,则勿取。古之人有行之者,文王是也。以万乘之国伐万乘之国,箪食壶浆,以迎王师。岂有他哉?避水火也。如水益深,如火益热,亦运而已矣。

两相比较,既然燕国的治理者残暴不仁,导致民怨沸腾。齐国兵锋所指,百姓夹道欢迎,此等拯救民众于水火的善事,何乐不为?孟子的价值立场再清晰不过,

其五得民心之策,必要时最高权力可易手。弟子万章在讨论三代帝王禅让往事时,请教是不是尧将天下大权交给了舜。孟子的回答是否定的,他指出:"天子不能以天下与人。舜相尧二十有八载,非人之所能为也,天也。尧崩,三年之丧毕,舜避尧之子于南河之南。天下诸侯朝觐者,不之尧之子而之舜;讼狱者,不之尧之子而之舜;讴歌者,不讴歌尧之子而讴歌舜,故曰天也。"也就是说,如果当政者的执政合法性与政治作为不能符合天意与民心,可以随时被替换。这恰恰是"得民心者得天下,失民心者失天下"的道理所在,此在孟子的政治理念中居于至关重要的地位。

能够秉持"民本说"始终的,必定是君子,故而"君子"形象遂成为孟子心目中的"理想人格"。孟子曾讲:"鸡鸣而起,孳孳为善者,舜之徒也。鸡鸣而起,孳孳为利者,跖之徒也。欲知舜与跖之分,无他,利与善之间也。"以义为最高价值选择,就成为人、君子;以利

为最高价值选择,就沦为禽兽、小人。

那么具体而言,孟子所认为的"理想人格",大致符合如下标准:

> 可欲之谓善,有诸己之谓信。充实之谓美,充实而有光辉之谓大,大而化之之谓圣,圣而不可知之之谓神。

展开来看,其中大概包括六个层次:"善"是可欲的东西,近乎人的本能;"信"是有诸己的意思,行为的根源是来自良心本心、不附加外在目的;"美"指的是"力行其善,至于充满而积实,则美在其中而无待于外矣",也就是说当善与信达到"充满积实",便是"美";"大"意味着"充实而有光辉",内心之德不仅充实,而且德照于人,光泽于业,需要显露于外;"圣"即"大行其道,使天下化之,是为圣人",故此层贵在化育,行于人道,使一方百姓受尧舜之道的恩泽。那至高境界的"神"呢?孟子说:"伯夷,圣之清者也;伊尹,圣之任者也;柳下惠,圣之和者也;孔子,圣之时者也。孔子之谓集大成。集大成也者,金声而玉振之也。金声也者,始条理也;玉振之也者,终条理也。始条理者,智之事也;终条理者,圣之事也。"神是圣到达一定程度后,可以根据情况变化调整自己的行为方案,从而达到游刃有余、出神入化的境界。这也是理想人格的极致。

作为"理想人格"的典型,孟子列举了尧、舜、禹、汤、周文王、孔子等作为代表。与之衔接,这种人格需要在现实政治中加以实践,才可得以展现,得以完成。孟子有意将实践的类型分为极其细致的"十端":1.志于仁义;2.存心向善;3.常怀忧患;4.重耻知辱;5.戒除乡愿;6.志向远大;7.出仕以道;8.养浩然气;9.忘人之势;10.困达不变。此"十端"便成为历代国人效仿的榜样。

## （三）

拯中国于水火之中,实现民族独立复兴的中国共产党,势必要求每位成员都须具备坚定的理想信念、可贵的意志品质,成为革命年代和建设年代的先锋队一员。那么传统文化中的优秀部分便为共产党员党性修养的锤炼与完善提供了重要的支撑与参考。倡扬"浩然之气"、信奉"民本论"的《孟子》自然不会缺席。

毫无疑问,要成为一名优秀的共产党员,需要确立明确不移的理想,换言之,须"立志"。孟子认为,"志,气之帅也;气,体之充也。夫志至焉,气次焉"。他极其重视"养浩然之气",认为"浩然之气""至大至刚","塞于天地之间",其养法是"配义与道"。就是要追求伟大正确、经世济民的宏图。早年毛泽东在《讲堂录》中记录了孟子之志气:"孟子尝言志矣,曰:志至也,气次也。持其志,毋暴其气。曰:夫天未欲治平天下也,如欲治平天下,当今之世,舍我其谁也。曰:乃所愿则学孔子也。曰:我亦欲正人心,定邪说,距跛行,以承三圣者。"①此"志"对他影响很大,1939 年 5 月 30 日,毛泽东谈什么是模范青年时说:"要有'坚定正确的政治方向'。这个方向是不可动摇的,要有'富贵不能淫,贫贱不能移,威武不能屈'的骨

---

① 中共中央文献研究室、中共湖南省委《毛泽东早期文稿》编辑组编:《讲堂录》,《毛泽东早期文稿》(1912—1920),湖南人民出版社 2013 年,第 531—532 页。

气来坚持这个方向。"①这正是引自《孟子·滕文公下》。1946年7月11日晚,李公朴被国民党特务杀害。7月13日,毛泽东、朱德致李公朴家属唁电,用孟子"大丈夫"的志气赞扬和吊唁李公朴的美德,文中写道:"惊悉李公朴先生为反动派狙击逝世,无任悲愤! 先生尽瘁救国事业与进步文化事业,威武不屈,富贵不淫,今为和平民主而遭反动派毒手,是为全国人民之损失,抑亦为先生不朽之光荣。"②当然,"志气"的养成,是要经历反复磨砺,毛泽东同志在1962年分析国内外严峻形势时,就特意多次告诫人们:"生于忧患,死于安乐。"希望广大党员同志将苦难看作磨炼心志与能力的必由之路,要具备忧患意识和革命乐观主义精神。

推而广之,作为面向广大党员干部的读本,刘少奇同志在《论共产党员的修养》中,多次以孟子的观点为例,阐释中国共产党人应具备的素养。比如对于革命年代承担重任的党员,刘少奇以孟子言论带出话题,在历史上将要担当"大任"的人物,都"必先苦其心志,劳其筋骨,饿其体肤,空乏其身,行拂乱其所为,所以动心忍性,增益其所不能"。众所周知的"自古英雄多磨难,从来纨绔少伟男",说的也是这个意思。共产党员是要担负历史上空前未有的改造世界的"大任"的,所以更必须注意在革命斗争中加强锻炼和修养。

共产党员加强修养,就是要树立崇高的理想,树立坚定的革命

---

① 中共中央文献研究室第一编研部编著:《毛泽东军事箴言》上册,沈阳:辽宁人民出版社,2018年,第109页。

② 中共中央文献研究室:《毛泽东思想年编(1921—1975)》,北京:中央文献出版社,2011年,第491页。

信念和革命气节。在《修养》中,刘少奇同志将孟子说的"富贵不能淫,贫贱不能移,威武不能屈"阐释为共产党员应具有的革命坚定信念和革命气节。这是意味深长的。这十五个字颇具文彩,历经锤炼,充满哲理。更重要的是,在新的历史条件下,它可以充分地表达中国共产党人大无畏的革命英雄主义气概和坚定的革命气节。

而"民本说",更是早已融铸为中国共产党人革命与执政理念中的核心要素。毛泽东所提倡为人民服务的宗旨观,以及《愚公移山》里讲我们坚持不断地工作也会感动上帝,"这个上帝不是别人,就是全中国的人民大众"①,其思想渊源之一就是来自《孟子》等中国优秀传统文化中的民本思想。1944 年 7 月 18 日,毛泽东在延安会见中外记者西北参观团成员(外国记者),谈到民主政治问题时说:我们批判地接收中国长期的传统,继承那些好的传统,而抛弃那些坏的传统。在政治科学方面,我们从国外学到民主政治,但是中国历史上也有它自己的民主传统。共和一词,就来源于三千年前的周朝。孟子说:"民为贵,社稷次之,君为轻。"中国农民富有民主传统,千百次大大小小的农民战争有着民主的含义。可见其秉持着鲜明的去其糟粕、取其精华的立场。

在孟子看来,仁政之本在民,民之本在衣食,尤其在食。革命时期,毛泽东重视分配土地给农民、减租减息,重视关心群众生活、发展生产,将减租和生产作为两件大事来抓,以解决夺取革命胜利的群众基础和物质基础问题。毛泽东认为革命胜利后,中心任务

---

① 《毛泽东选集》第三卷,北京:人民出版社 1991 年,第 1102 页。

是"动员一切力量恢复和发展生产事业,这是一切工作的重点所在"①。其中不无像孔孟这样传统"民本论"的影响。

在2021年2月20日的党史学习教育动员大会上,习近平总书记指出:"历史充分证明,江山就是人民,人民就是江山,人心向背关系党的生死存亡。"②这既是对一百年来中国共产党的初心使命践行历程的高度总结,也体现了两千多年来中国传统儒家文化可贵精神的继承与升华。

千载悠悠如大浪淘沙,留下了《孟子》这部思想经典;精义深深似不竭宝矿,有待于当代"君子"来悉心开掘。

## 四、"清明高节满乾坤":范门家风漫谈

民国著名学人钱穆先生在《孔子与心教》一文中曾言:"中国人的家庭,实即中国人的教堂。"③倘如此说法成立,那么这座历经数千年世事变迁而香火不绝的"教堂"之中,一定有一部弥足珍贵的宝典,构筑与支撑着中国人的信仰,毫无疑问,这就是家风。众所周知,传统中国是一个家国同构的宗法社会,家庭是社会的细胞,是国家的基础。家庭教育是每个人成长的起点,是人生不断进步的加油站,父母长辈、兄弟姐妹的言传身教、耳濡目染就成为个人

---

① 毛泽东:《在中国共产党第七届中央委员会第二次全体会议上的报告》,《毛泽东选集》第四卷,北京:人民出版社,1991年,第1429页。

② 习近平:《在党史学习教育动员大会上的讲话》,《求是》2021年第7期。

③ 钱穆:《灵魂与心》,桂林:广西师范大学出版社,2004年,第20页。

发展、家族世代传承的宝贵资源，久而久之，所形成的伦理风尚，就是家风。

古人素重身后名。一人即使生前博学多才、德厚流光，但身后毕竟终将化成抔土、趋于萧索。如何让毕生修养和体悟得以延续，士人们纷纷选择重视家教，涵养家风，从而令德性可以子孙承继，代代维系。两宋之时，士林兴盛，其中有一位人物，被众人公认为"一世之师，由初迄终，名节无疵"①。同时，此公更是言传身教，严修家风，从而泽被子孙，一门多有俊秀英才脱颖而出。如此盛况，后人不禁赞其"千百年间，盖不一二见，非但为一代宗臣而已"②。这位大贤，便是以"先忧后乐"享誉后世的范仲淹。

通览范门家风，所涉甚广，精意颇多，堪称历代优秀家风之范本。粗略看来，最核心内容可大致包括忠义、勤勉、孝悌和持俭四个方面。

## "宁鸣而死，不默而生"

古代士人治学问道，无不自立志起。恰如王阳明讲的"志不立，天下无可成之事"，君子当立治国平天下之宏志，贯穿其中的精神气质必有忠义二字。范仲淹自求学起，便怀有大志。一日，范与几位朋友外出散步，走入一座寺庙求签。当他问签可否做宰相时，

---

① （宋）王安石：《王文公文集》卷八十一《祭范颍州仲淹文》，上海：上海人民出版社，19974 年，第 873 页。

② （金）元好问：《范文正公画像赞》，李勇先、王蓉贵校点：《范仲淹全集》，成都：四川大学出版社 2007 年，第 1256—1257 页。

签答："不能"。他接着问"能否为良医?"签答："不能"。该结果令范氏顿觉郁闷,遂心中暗暗种下"不为良相,便为良医"的抱负。也正是于此信念激励下,日后即使官居要职,他始终未忘记经邦济世、直道而行的初心。

初入政坛,范仲淹担任的职务是广德军司理参军,可谓极不起眼的九品小官。然而,人微未必言轻,无论职务大小,不管岗位轻重,但凡在其位,一定要谋其政,范氏极其严谨的为官之道在此时已彰显无遗。范氏时常抱着卷宗去找太守,指出其中存在的问题,"与太守争是非"。① 有些事情,太守已经做了决定,但范以为没有符合规矩或尚存疑义,便坚持原则,与长官论个是非曲直。即使惹得太守发怒,他也不会放弃原则。而且每次争辩完毕,范仲淹回到住处,还把今后要继续讨论的问题写在房中屏风上,于是日积月累,等他结束在广德军的工作时,屏风上已无余地再多写一个字。

到了天圣六年(1028 年),范仲淹守孝期满,再度回归宦海。在晏殊的力荐下,他获得秘阁校理一职,职级不高,却地位优越。不过晏殊举荐范仲淹并非由于私心,而是认定其"为学精勤,属文典雅,略分吏局,亦著清声"。② 果然没多久,范仲淹就仗义执言,顶撞了掌握朝廷实权的刘太后。彼时宋仁宗年龄尚幼,真宗遗诏中规定刘太后可以对"军国重事,权取处分",使得其在朝堂之上具有非常大的影响力。甚至有佞臣解释"天圣"年号,可拆字为"二人圣",即指仁宗与刘太后两位圣人。换言之,刘太后前后总计垂帘十一

---

① (宋)汪藻:《范文正公祠堂记》,杨镜如编著:《苏州府学志》上册,苏州:苏州大学出版社,2013 年,第 269 页。

② 李勇先、王蓉贵校点:《范仲淹全集》中册,成都:四川大学出版社,2007 年,第 871 页。

载,仁宗朝前期的政局与政策多出自其手。《宋史》评之曰:"当天圣、明道间,天子富于春秋,母后称制,而内外肃然,纪纲具举,朝政无阙失"。① 然而,到了仁宗将近二十岁时,刘太后依旧没有打算还政于君的意思,范仲淹便借着一年冬天为太后祝寿的仪式之机,递上了一道奏折劝谏。

或许刘太后觉得区区一个秘阁校理的谏言无足轻重,并未有回应。范仲淹却不依不饶,又写一折《乞太后还政奏》,直言规劝太后"卷收大权,还上真主"②。两道折子一上,太后还没有反应,却已吓坏了晏殊。被欧阳修称之为"富贵优游五十年,始终明哲保身全"的晏殊,自然将范仲淹指责了一通。范氏即刻书写《上资政晏侍郎书》长信一封,自道"信圣人之书,师古人之行,上诚于君,下诚于民",故而秉持"不以富贵屈其身,不以贫贱移其心"的原则,坚决反对"少言少过自全"的做法。③ 可以说,此信既是写给晏殊的,也是写给自己的座右铭,更成为他一生为人处世的准则。《宋史》对此有非常鲜明的褒奖:范"每感激论天下事,奋不顾身。一时士大夫矫厉尚风节,自仲淹倡之"④。

宋仁宗亲政后,宰相吕夷简当权,滥用私人,结党营私。范仲淹为了匡正风气,绘制了一幅《百官图》献给皇帝,巧妙揭露吕氏以

---

① (元)脱脱等:《宋史》卷二百九十七《孔道辅(子宗翰)、鞠咏、刘随、曹修古、郭劝、段少连传》,北京:中华书局,2017年,第9897页

② 曾枣庄、刘琳主编:《全宋文》第九册,成都:巴蜀书社,1990年,第605页。

③ (宋)范仲淹:《上资政晏侍郎书》,《范仲淹全集》卷十,南京:凤凰出版社,2004年,第205页。

④ (元)脱脱等:《宋史》卷三百一十四《范仲淹传》,北京:中华书局,2017年,第10267页。

权谋私的恶行。孰料吕老奸巨猾,反戈一击,范仲淹被贬至外地。至交梅尧臣写了一首《灵乌赋》寄给范氏,劝其莫过于耿直,免遭杀身之祸。范仲淹回赠一首《灵乌赋》,义正词严地表示"宁鸣而死,不默而生",忠义精神跃然纸上。[1] 此名言与其另一名句"先天下之忧而忧,后天下之乐而乐"同样千古流传,激励着一代代有志于澄清社稷的中华儿女。

受乃父熏染,几位范家子弟从政后亦非常讲求气节。次子范纯仁两度出任宰相,其但凡引荐人才,一定会以天下公议为依据,且从不告知被荐者是他在背后加以力推。于是有人劝告范纯仁:"当宰相,怎能不笼络天下士子,让他们知道都是出自你的门下?"范回答:"只要朝廷所用不失正直之人,何必使他们知道出自我的举荐?"其一颗公心天地可鉴。三子范纯礼刚正敢言。宋徽宗时期,奸相曾布当道,经常揣摩圣意,阿谀奉承。当时朝廷财政很是困难,皇帝从某些渠道了解到实情,心中惴惴不安。曾布却刻意隐瞒,上奏道:"有不少人议论财政支绌,其实现在的情况根本无需担忧,愿陛下不要为此太过操心"。范纯礼闻后当面加以驳斥:"在古时候,如果国家没有存贮三年的钱粮,就会深感危机,认为'国非其国'。如今农业连年歉收,朝廷国库亏空,你却说这根本无碍,岂不是当面欺骗皇上?"此番直言,将曾布批得面红耳赤。四子范纯粹亦是公忠体国之辈。神宗末年,太监李宪鼓动皇帝再次兴兵边陲。皇帝听信谣言,下令"天下人谁敢上书提班师回朝的事,我就把他全家灭门"。谁料偏偏范纯粹不怕死,接连上书反驳,一口气陈述

---

[1] (宋)范仲淹:《灵乌赋》,曾枣庄、刘琳主编:《全宋文》第九册,成都:巴蜀书社,1990年,第397页。

了 36 条不可出兵的理由。神宗看后,沉默不语,召来太监李舜聪,问他:"范纯粹折子言之凿凿,几无可辩驳。然而我狠话已说,该如何是好?"李回答:"范纯粹说的这些尽管不是全部有,但也不是全部没有"。皇帝明白其中之意,下诏班师,赦范纯粹无罪。范仲淹晚年,曾给予三位爱子一字评价:"纯仁得其志,纯礼得其静,纯粹得其略。"①三子气质之所以如此,想必与他们继承父亲淑世的抱负和忠义的情怀息息相关。也正因见证了范氏父子的拳拳爱国之心与真真忠国之举,著名诗人黄庭坚特意写《送范德孺知庆州》诗作一首,热情洋溢地赞美其父子的卓越功业:

> 乃翁知国如知兵,塞垣草木识威名。
> 敌人开户玩处女,掩耳不及惊雷霆。
> 平生端有活国计,百不一试薶九京。
> 阿兄两持庆州节,十年骐驎地上行。
> 潭潭大度如卧虎,边头耕桑长儿女。
> 折冲千里虽有余,论道经邦政要渠。
> 妙年出补父兄处,公自才力应时须。
> 春风旆旗拥万夫,幕下诸将思草枯。
> 智名勇功不入眼,可用折棰答羌胡。

可见范氏父子为北宋边防所倾注的精力,堪称呕心沥血。

---

① (元)脱脱等:《宋史》卷三百一十四《范仲淹传》,北京:中华书局,2017 年,第 10295 页。

## "须令苦学,勿使因循"

毫无疑问,忠于国家社稷是一种行动,更是一种理想,而理想实现,靠的是孜孜不倦地积累,勤勉不懈地学习,范门诸辈皆是勤学楷模。范仲淹自幼刻苦学习,其"断齑划粥"的事迹,传为千古佳话。他在长白山醴泉寺读书期间,"日惟煮粟米二升,作粥一器,经宿遂凝,以刀为四块,早晚取二块,断齑十数茎,醋汁半盂,入少盐,暖而啖之,如此者三年"①。后来,他又去应天书院求学,在那里"昼夜不息,冬月惫甚,以水沃面;食不给,至以糜粥继之,人不能堪,仲淹不苦也"②。经年累月废寝忘食地苦读,沉浸在经史子集的海洋中,范仲淹终成为一位精通经典,博学多才的大学者,用欧阳修在《文正范公神道碑铭》里评价来形容,即"居五年,大通六经之旨,为文章,论说必本于仁义"③。诗以言志,范仲淹在此求学期间,曾作有《睢阳学舍书怀》一诗,可谓直抒胸臆:

> 白云无赖帝乡遥,汉苑谁人奏洞箫。
>
> 多难未应歌凤鸟,薄才犹可赋鹪鹩。
>
> 瓢思颜子心还乐,琴遇钟君恨即销。
>
> 但使斯文天未丧,涧松何必怨山苗。

---

① (宋)彭乘:《墨客挥犀》卷三,上海进步书局影印本。

② (宋)晏殊:《举范仲淹状》,曾枣庄、刘琳主编:《全宋文》第十册,成都:巴蜀书社,1990年,第186页。

③ 李勇先、王蓉贵校点,范仲淹:《范仲淹全集》中册,成都:四川大学出版社,2002年,第655页。

在高卓的格调与丰富的典故里,我们领略到青年学子范仲淹饱读诗书后那种立志于扭转乾坤的抱负与胸襟。

按照学术界的既有研究,唐宋之间出现过一场转向内在的变迁,统称"唐宋变革"。这导致宋代家族与之前的世家大族存在很大差异。众所周知,世家大族可以世袭,就算是后代不成器,也不会失去固有的地位与特权,故而彼时人们往往慨叹"上品无寒门,下品无世族"。与之迥异,随着南北朝以来士族势力的不断消逝,加之安史之乱之后地方的军阀化、唐末农民起义的再度冲击地主阶级,所谓世家大族已逐渐退出历史舞台的中央。宋代科举制成为选士授官的主要途径,子孙如果不能获取知识资源意味着该家族很有可能便失去显赫的背景与地位。读书愈益凸显出其在改变个人与家族命运中的作用。

范仲淹深知"君子学而知其仕也,必渐而成德,然后有位焉"①,因此他经常劝谕子侄及后辈们勤奋学习,如他曾在家书中嘱咐"二郎、三郎并劝修学,日立功课,彼中儿男,切须令苦学,勿使因循。须候有事业成人,方与恩泽文字",②并四处为他们物色名师,四个儿子各得其所,皆有所长,退则撰文作诗,进则为国谋事。在此家风浸润下,其子孙皆勤学苦读,能文擅画。长子范纯祐"方十

---

① （宋）范仲淹:《义·易义》,《范文正集》卷五,《景印文渊阁四库全书》集部二十八（总第 1089 册）,台北:台湾商务印书馆,2008 年,第 601 页上。
② 李勇先、王蓉贵校点,范仲淹:《范仲淹全集》中册,成都:四川大学出版社,2002 年,第 655 页。

岁,能读诸书;为文章,籍籍有称"①。范纯仁"昼夜肄业,至夜分不寝,置灯帐中,帐顶如墨色","有文集五十卷,行于世"。② 范纯粹"沈毅有干略,才应时须……论事剀切"③。假如没有当年年少时扎实沉潜的学习历程,很难想象他们后来能成为国之栋梁。

"乡人莫相羡,教子读诗书。"这是范仲淹考中进士后所提诗句,终其一生,他也一直遵循这一原则,在全国各地尽力办学兴教。为使更多范氏族人受到教育,范仲淹创办了义学,教育对象是本族适龄儿童,全部免除教育费用,此外还承担了他们参加科考所需经费,"暨公登第立朝,为守为帅,以至大用,名位日盛,禄赐日厚,遂成义庄、义学,为其宗族宅于斯,学于斯"④;"诸位子弟得贡赴大比者,每人支钱一十贯文",于是"庶使诸房子弟知读书之美,有以激劝"。⑤ 于这般氛围中,短短四十余年内,家族就先后有范琪、范师道、范纯仁、范世京、范世亮等五位族人进士及第,可谓范门一时之盛事。

---

① (元)脱脱等:《宋史》卷三百一十四《范纯祐传》,北京:中华书局,2017年,第10276页。
② (元)脱脱等:《宋史》卷三百一十四《范纯仁传》,北京:中华书局,2017年,第10282页。
③ (元)脱脱等:《宋史》卷三百一十四《范纯粹传》,北京:中华书局,2017年,第10281页。
④ (元)牟:《范氏义塾记》,周鸿度等编著:《范仲淹史料新编》,沈阳:沈阳出版社,1989年,第132页。
⑤ (宋)范仲淹等:《范氏义庄规矩》,楼含松主编:《中国历代家训集成》第一册,杭州:浙江古籍出版社,2017年,第146、151页

## "此而或忘，己将何处"

兴家靠勤学，持家则须依凭孝悌与俭约。《宋史》有载，范仲淹"性至孝"①。他进士及第后，便将母亲接到身边，"欲便亲养，授广德军司理参军，迎母以往"②。母亲去世，范悲痛欲绝，自陈"臣仕未及荣，亲已不待。既育之仁则重，罔极之报曾无。夙夜永怀，死生何及！"③对于继父朱文翰的养育之恩，范也念念不忘，如他曾上《乞以所授功臣勋阶回赠继父官奏》，请求给予继父封赠，表示"继父故淄州长山县令朱文翰既加养育，复勤训导，此而或忘，己将何处？"④为了告诫子弟抱持一种朴素的生活态度与作风，范仲淹曾特意写《告诸子书》，其中如此动情地道出肺腑之言：

> 吾贫时，与汝母养吾亲，汝母躬执爨而吾亲甘旨，未尝充也。今得厚禄，欲以养亲，亲不在矣。汝母已早世，吾所最恨者，忍令若曹享富贵之乐也。
>
> 吾吴中宗族甚众，于吾固有亲疏，然以吾祖宗视之，则均是子孙，固无亲疏也，尚祖宗之意无亲疏，则饥寒者吾安得不

---

① （元）脱脱等：《宋史》卷三百一十四《范仲淹传》，北京：中华书局，2017 年，第 10276 页。
② 李勇先、王蓉贵校点：《范仲淹全集》中册，成都：四川大学出版社，2007 年，第 1109 页。
③ （宋）范仲淹：《求追赠考妣状》，曾枣庄、刘琳主编：《全宋文》第九册，成都：巴蜀书社，1990 年，第 459 页。
④ 李勇先、王蓉贵校点，范仲淹：《范仲淹全集》中册，成都：四川大学出版社，2002 年，第 782 页。

恤也。自祖宗来积德百余年，而始发于吾，得至大官，若独享富贵而不恤宗族，异日何以见祖宗于地下，今何颜以入家庙乎？①

对于祖宗与家族同胞，范氏也希望各位子弟能包容善待，他在《告子弟书》中写道：

> 京师交游，慎于高议不同，当言责之地。且温习文字，清心洁行，以自树立。平生之称，当见大节，不必窃论曲直，取小名招大悔矣。
>
> 京师少往还，凡见利处，便须思患。老夫屡经风波，惟能忍穷，固得免祸。
>
> 大参到任，必受知也。惟勤学奉公，勿忧前路。慎勿作书求人荐拔，但自充实为妙。将就大对，诚吾道之风采，宜谦下兢畏，以副士望。
>
> 青春何苦多病，岂不以摄生为意耶？门才起立，宗族未受赐。有文学称，亦未为国家所用，岂肯循常人之情，轻其身丧其志哉！
>
> 贤弟请宽心将息，虽清贫，但身安为重。家间苦淡，士之常也，省去冗口可矣。请多著功夫看道书，见寿而康者，问其所以，则有所得矣。
>
> 汝守官处小心不得欺事，与同官和睦多礼，有事只与同官

① （宋）范仲淹：《范文正公文集》，北京：中华书局，1985年，第89—90页。

议,莫与公人商量,莫纵乡亲来部下兴贩,自家且一向清心做官,莫营私利。汝看老叔自来如何,还曾营私否? 自家好,家门各人好事,以光祖宗。①

以父亲为榜样,范仲淹的子女们也很孝顺。史称范纯祐"事父母孝,未尝违左右"②。后来纯祐身染重疾,纯仁"奉之如父,药膳居服,皆躬亲时节之"③。甚至为了照顾哥哥,他两次抵挡住升职诱惑,拒不出仕。

范门的孝悌家风得到后世子孙很好延续,《万姓统谱》曾记:"范之柔,字叔刚,文正五世孙,举进士,历刑礼二部尚书,太子詹事,事君奉亲,一以文正为法,知止畏盈,每有山林之志,卒谥清宪。"④于此可见一斑。甚至后来范氏家族还托范仲淹之名义编写了《范氏家训百字铭》,具体如下:

孝道当竭力,忠勇表丹诚;兄弟互相助,慈悲无过境。

勤读圣贤书,尊师如重亲;礼义勿疏狂,逊让敦睦邻。

敬长与怀幼,怜恤孤寡贫;谦恭尚廉洁,绝戒骄傲情。

字纸莫乱废,须报五谷恩;作事循天理,博爱惜生灵。

---

① 曾枣庄、刘琳主编:《全宋文》第九册,成都:巴蜀书社,1990年,第744页。

② (元)脱脱等:《宋史》卷三百一十四《范纯祐传》,北京:中华书局,2017年,第10276页。

③ (元)脱脱等:《宋史》卷三百一十四《范纯仁传》,北京:中华书局,2017年,第10282页。

④ 转引自(清)王梓材撰,冯云濠辑:《稿本宋元学案补遗》,北京:北京图书馆出版社,2002年,第54页。

处世行八德,修身率祖神;儿孙坚心守,成家种义根。

因史迹久远,我们很难确定此铭出自范仲淹之手,但理念当是源自其一生所坚守的家风标准。

## "惟俭可以助廉"

"礼,与其奢也,宁俭。"早在先秦时代,以孔子为代表的儒家便将节俭视为中华民族的传统美德。深受儒家熏陶,范仲淹自幼崇尚俭约。在继父家时,范屡次规劝朱氏兄弟节俭,"公以朱氏兄弟浪费不节,数劝止之"①。身居高位后,范之俭朴生活依然如故,"非宾客不重肉,妻子衣食,仅能自充","及退而视其私,妻子仅给衣食"。② 终其一生,范一贯以节俭自持,"虽位充禄厚,而贫终其身。殁之日,身无以为殓,子无以为丧"③,"殓无新衣,友人醵资以奉葬。诸孤亡所处,官为假屋韩城以居之"④。

对于俭约之风,范仲淹以身垂范,且对子弟谆谆教诲。父严如此,儿女皆谨遵家训。范纯仁"自为布衣至宰相,廉俭如一"⑤。他

---

① 周鸿度等编著:《范仲淹史料新编》,沈阳:沈阳出版社,1989年,第163页。
② (元)脱脱等:《宋史》卷三百一十四《范仲淹传》,北京:中华书局,2017年,第10276页。
③ (宋)钱公辅:《义田记》,周鸿度等编著:《范仲淹史料新编》,沈阳:沈阳出版社,1989年,第127页。
④ (宋)富弼:《范文正公仲淹墓志铭》,曾枣庄、刘琳主编:《全宋文》第十五册,成都:巴蜀书社,1990年,第59页。
⑤ (元)脱脱等:《宋史》卷三百一十四《范纯仁传》,北京:中华书局,2017年,第10293页。

任职西京留司御史台时,司马光也在洛阳做官,两人"皆好客而家贫,相约为真率会,脱粟一饭,酒数行,洛中以为胜事"①。尽管招待宾朋仅是粗饭薄酒,且是酒过数巡即罢,洛阳士人却仍愿把参加此会当做是件幸事。

范仲淹如此为人,更是如此为政。庆历三年(1043 年),范氏与几位志同道合的同仁发动了庆历新政,其中一项改革措施便是整顿吏治,选拔路级地方官员转运使。范仲淹那里有一份候选人名单,仔细审阅后,他大笔一挥,将一名名碌碌无能之辈全部划掉,将名实相副的精英留下来。当时重臣富弼在旁边协助,看到后不禁生了恻隐之心,委婉提醒范仲淹:"范十二丈公,您这一笔划下去,那一家人可就得哭了!"范停下笔,答曰:"一家哭总好过一路哭啊!"

诚哉斯言!庆历新政的目标就是要痛惩尸位素餐、鱼肉百姓、吃拿卡要之徒,他们的噩梦来临了!范仲淹通过新政选拔了一批批转运按察使和提点刑狱公事,要么勘察询问,要么囚禁抄没,令这些蝇营狗苟者惶惶不可终日。经过八个多月轰轰烈烈的改革,范仲淹重定了《三班审官院流内铨条贯》,令天下各州县兴办学校,改革科举政策,并指派数百位转运按察使、提点刑狱公事赴各处对全天下的官员进行严格考核。随之一大批德不配位、能不配位的官场蛀虫被查处,一批清正廉洁、德才兼备的官员被授予重要职务,一大波旧规定被废除,比如取消公费宴会、赐宴和补贴膳食等,继之一大批新制度构建起来,比如规定举子必须在校学习三百日,

---

① (元)脱脱等:《宋史》卷三百一十四《范纯仁传》,北京:中华书局,2017 年,第10286 页。

才能参加州县科举考试,基层教育由之广为铺开。

范仲淹如此为政,更如此育儿。他教育子孙"惟俭可以助廉,惟恕可以成德"。范纯礼历任天章阁待制、枢密都承旨、礼部尚书等职,官至尚书右丞。无论身处何职,纯礼不忘节俭,"布衾絁袍,不为表襮沽名誉。食饮不择其鲜,不役婢妾"①。不单践行了范门家风,更堪为士林表率。次子范纯仁自幼深受父亲教诲,史书记载他"自为布衣至宰相,廉俭如一,所得奉赐,皆以广义庄;前后任子恩,多先疏族"②。每遇到重大事项,范纯仁都会想到如果换作父亲,将会怎样处理。他曾经对皇帝说:"盖尝先天下而忧,期不负圣人之学。此先臣所以教子,而微臣资以事君"③。无怪乎《宋史》称誉其"位过其父,而几有父风"④。

不妨再举两则案例。第一则,范纯仁不会因家族私事惊扰地方。兄长范纯祐去世后,要在洛阳安葬。富弼得知,马上致信洛阳尹,请其协助范氏家人处理后事。洛阳尹遵照指示,一直在驻地等待,孰料一段时间后,仍未见范家人。后来经过打听,才知道范纯祐早已安葬。这令洛阳尹很是惊讶,自己作为父母官,居然未能听到一点风声。范纯仁感谢其好意,但明确告知:"这是我们家里的私事,哪能打扰公家呢?"

---

① (宋)范成大:《吴郡志》卷二十六《范纯礼》,上海:商务印书馆,1937 年,第 239 页。
② (元)脱脱 等:《宋史》卷三百一十四《范纯仁传》,北京:中华书局,2017 年,第 10293 页。
③ (元)脱脱 等:《宋史》卷三百一十四《范纯仁传》,北京:中华书局,2017 年,第 10292 页。
④ (元)脱脱 等:《宋史》卷三百一十四《范仲淹传》,北京:中华书局,2017 年,第 10295 页。

第二则,范纯仁善于化民成俗,精研治理之道。知任洛阳时,有个名叫谢克家的人从河阳而来,途中遇到一位老头在眯着眼睛蹲在墙角晒太阳。有人接连两次告诉他:"你家老黄牛被人偷走了!"老头毫不理会,神态自若。谢克家顿时觉得老头的精神境界着实高,一定是位超脱物外的绝世神人。他禁不住走过去向老头问话。老头哈哈大笑道:"我哪是什么奇人,范公(纯仁)在此,谁还愿意去偷盗啊? 牛不会被偷的!"后来,黄牛果然自己回来了。可见范纯仁为官清正而有道,使得治内弊端消弭,百姓安居乐业。待范纯仁病故,时人邓忠臣对其有过这般评价:"每思捐身而开策,尝愿休兵而息民。只知扶危而济倾,宁恤跋前而后","循公忘己,为国惜贤。"①是为至评。

任职苏州时,范仲淹曾撰下组诗《苏州十咏》,其中写道"唯有延陵逃遁去,清明高节满乾坤"。在新时代,中国人要想心有所安、魂有所系、志有所托、身有所归,追求美好生活,理当塑造优良新式家风,就须从传统家风中探寻宝贵的"清明高节"。正如习近平总书记指出的那样,中华民族历来重视家庭,正所谓"天下之本在家",尊老爱幼、母慈子孝、兄友弟恭、勤俭持家、遵纪守法、家和万事兴等中华民族优秀传统文化,铭记在中国人的心灵中,融入中国人的血脉里,是支撑中华民族生生不息、薪火相传的重要精神力量。可以说,注重家庭、注重家风是中华民族几千年来一以贯之的优秀文化传统。作为杰出代表的范门家风,洵无愧也!

---

① （宋）王栐、张邦基:《燕翼诒谋录　墨庄漫录》,上海:上海古籍出版社,2012 年,第69—70 页。

## 五、明儒王阳明一生的三个"命题"

毫无疑问,近些年来,海内外兴起一股"阳明热",众多有关著作喷薄而出,其人其事其学也遍及街头巷尾。客观而言,明儒王阳明所开创的"心学"自有其奥妙幽微之处,故常人读来颇不易把握精髓与真意所在。综观王阳明一生,我们大致可提炼对其影响深远的三个"命题",从一个侧面来把握"心学"的当代启示。

首要命题即"立志成圣"。王阳明自小博览群书,并对读书之目的有个人定见。11 岁在京师读书时,他问老师"何为第一等事?"老师说:"惟读书登第耳。"换言之,读书是为了考取功名。王阳明则说"登第恐未为第一等事,或读书学圣贤耳"。① 他认为读书是为了学圣贤。"读书学圣贤"虽是王阳明年少时的追求,但处于科举时代,他循惯例亦参加了科举考试。首度会试名落孙山,当同考者为落第而感到羞耻时,王阳明反而安慰他说:"世以不得第为耻,吾以不得第动心为耻。"②可见其志向所在。

后来,贬谪贵州时,他在龙冈书院撰写《教条示龙场诸生》作为学规,语重心长地告诫诸位弟子治学为人当以"立志、勤学、改过、责善"八字为要诀。当然,其中最为重要的一点,还是立志,"立志

---

① (明)钱德洪、王汝中辑:《王阳明年谱》,力行要览编辑社(出版地不详),1933 年,第 4—5 页。
② (明)钱德洪、王汝中辑:《王阳明年谱》,力行要览编辑社(出版地不详),1933 年,第 9 页。

而圣,则圣矣;立志而贤,则贤矣"。① 志向与理想,往往体现着一个人的眼界和胸襟,自然也决定了他日后的高度与格局。所以王阳明强调"志不立,天下无可成之事",即使是各类工匠艺人,也都以立志为根本。人若无志,就如同无舵之船、无衔之马,四处飘荡奔逸,荒废终生,实现不了人生价值,更何谈成圣成贤。可见,他所强调的"立志",首先注重树立为国济民之大志,又须要确立锲而不舍之长志。

空有志向,亦非圣贤,尚需经历风雨,耐受寒暑,方可百炼成钢,于是"事上磨炼"乃顺理成章之途辙。王阳明指出:"人须在事上磨炼,做功夫,乃有益。若只好静,遇事便乱,终无长进。"②一个人的志向绝不是仅仅嘴上说,纸上写,须在一件件具体事务中打磨验证。王阳明非常注重践行,时常将自己的所学所得在实际中加以实践和印证。他少时就有策马边关、建功立业之梦想,对《孙子兵法》之类的书是爱不释手。在十五岁时,单人独骑,勇闯居庸关外,阅山川之形貌,逐胡儿骑射之,时间长达一月有余;此后又每逢宾客,必聚果核以谈兵法阵形,督建王越坟墓时以行兵打仗之法御使劳工;直到建立巡抚南赣、平定思田、擒获宁王三大不朽事功。在修身养德方面,胸怀成圣之志的王阳明也进行了很多实践和探索,格竹七日,山中问道,辞官返乡,修道问佛,及至后来上疏被贬,悟道讲学,等等,都是其循着良知真义磨炼自己心性的一个个

---

① 吴光、钱明、董平、姚延福编校:《王阳明全集》第三册,上海:上海古籍出版社,2011年,第1021页。

② (明)王阳明撰,邓艾民注:《传习录注疏》下,上海:上海古籍出版社,2018年,第185页。

事件。

　　毕竟世间之事纷纭复杂，甚或光怪陆离，经得多未必定能达致"不惑"，故而定力与定性便显得尤为关键。一个人能不能恒久地控驭己心己意，这就涉及"破心中贼"的命题。明正德十三年（1518年），王阳明赴江西、广东平叛，途中致信弟子杨仕德、薛侃说："破山中贼易，破心中贼难。区区剪除鼠窃，何足为异？若诸贤扫荡心腹之寇，以收廓清平定之功，此诚大丈夫不世之伟绩。"①"破山中贼易，破心中贼难"，直指人心，切中要害！唯此一句，常为后世所传诵引用。无论古今，抑或东西，个体一旦步入仕途，为人处世，都要面对治事与治心的互动与纠结。

　　古人看来，治事须先治心，阳明心学正是追问内心之学。所谓阳明心学，简言之，是以良知为德性本体，以致良知为修养方法，以知行合一为实践工夫，以经世致用为治学目的的学术体系。王阳明曾言："知者行之始，行者知之成。圣学只一个工夫，知行不可分作两事。"②这就是"知行合一"学说，其要点大致有三：知行只是一个功夫，不可分割；知行是一种辩证统一，互相实现；知行合一既是道德实践，也是政治实践。具体而言，道德实践就是要克服恶念，养成君子，政治实践则要求亲民爱民，安民富民。

　　因而"破心中贼"之目的，即实现知行合一。作为国家具体事务的负责人和公权力的执行者，官员势必会受到多方面因素的挑

①　吴光、钱明、董平、姚延福编校：《王阳明全集》第一册，上海：上海古籍出版社，2011年，第 181 页

②　（明）王阳明撰，邓艾民注：《传习录注疏》上，上海：上海古籍出版社，2018 年，第30 页。

战,难免会有畏难消极情绪;时常会遭遇不同人群的"围猎",不免产生心情的复杂波动。这就是古人常讲的"理欲交战",克服心中贼的时刻便来临。如何真正化解此危机? 按照阳明心学的心得,贵在涵育政德。恰如民国学人钱穆先生所言,"德,得也。行道而有得于心,其所得,若其所固有,故谓之德性。为政者当以己之德性为本",①从而形成政德,作为施政之本、执政之基。习近平总书记在 2015 年全国党校工作会议上,旗帜鲜明地指出"对领导干部而言,党性就是最大的德","党性教育是共产党人修身养性的必修课,也是共产党人的'心学'"。② 可谓对中华优秀传统政治文化的借鉴与超越。

由"立志成圣"开始,经"事上磨炼"强大,至"破心中贼"通透,终"知行合一"无碍。无论是古代的圣贤,还是当今的精英,皆要从一件件事情上去学思践悟,在为人处世中去学习良知、思考善恶、践行真理、感悟人生。王阳明曾反复强调:"吾之心即圣人之心",故"天下无不可化之人",何况你我之辈乎?③

## 六、怀德以致远:曾国藩的修己与治事

同治六年(1867)仲夏六月的傍晚,晚清名臣曾国藩与幕僚赵烈文进行了一次闲谈。二人从两宋祖制讲起,后言及大人物之事

---

① 钱穆:《论语新解》,北京:生活·读书·新知三联书店,2019 年,第 21 页。
② 习近平:《在全国党校工作会议上的讲话》,《求是》2016 年第 9 期。
③ 吴光、钱明、董平、姚延福编校:《王阳明全集》第三册,上海:上海古籍出版社,2011年,第 936 页。

功,能开一代之风气,"范围一就,数百年贤哲之士,莫不俯首就教。"比如韩世忠、岳飞自筹军饷练兵,也能成为抗击金军之屏障,引领了南宋军事风尚。以此反观自己十余年征战生涯,曾氏不禁感慨"吾起义师以来,力求自强之道,粗能有成"。

听罢曾之观点,赵烈文说了一段意味深长的话:

> 师(曾国藩)事成矣,而风气则大辟蹊径。师历年辛苦,与贼战者不过十之三四,与世俗文法战者不啻十之五六。①

所谓"贼",便是主政者所须解决的各种实际问题;所谓"世俗文法",则指每人每日皆要面对的诸多人情世故、惯例习俗。于是,成事之道不单单在于具体方法与路径,更贵在主政者以其良好的德性和坚韧的气质去待人接物、成风化俗。换言之,攻坚克难的玄机往往是"汝果欲学诗,功夫在诗外",恰如《大学》中言:"物格而后知至,知至而后意诚,意诚而后心正,心正而后身修,身修而后家齐,家齐而后国治,国治而后天下平。自天子以至于庶人,壹是皆以修身为本。"学做事先会做人,善处世方可处事。纵观曾国藩一生之为人处世,恰是做到了修己与治事的融洽与贯通,颇值得当今党员干部参考。

## (一)"修养"

众所周知,曾国藩并非天赋卓异之人,其资质堪称平常,由秀

---

① (清)赵烈文:《能静居日记》第二册,长沙:岳麓书社,2013年,第1072页。

才功名考了七次方中一事便可见一斑。况且年轻时的曾国藩，自身性格问题也很明显。比如初入仕途，曾氏心浮气躁，很是傲慢。刚被授为翰林院检讨不久，曾国藩就与友人干过两次大架。一次是与同乡、刑部主事郑小珊因一言不合，恶言相向，"肆口谩骂，忿戾不顾，几于忘身及亲"①。另一次是与科考同年兼同乡金藻因小故口角，"大发忿不可遏，……虽经友人理谕，犹复肆口谩骂，比时绝无忌惮"，②可见二人已将自身的翰林身份抛到九霄云外，斯文尽丧。人常言"冲动是魔鬼"，细思起来，冲动的缘起乃脑中之非理性，而非理性的瞬时爆发，或还是要归结于因平日孤傲而暗自累积的没来由的怒火与戾气。

又如初到京师的曾国藩，在自律方面亦是不佳。留在翰林院后，曾国藩意识到自己学问较之来自江浙一带的同年，差距甚大，原打算发愤研究。刚好朝廷给了一个多月假期，用来闭门读书再合适不过。奈何外面的世界太精彩，曾"日日玩愒，不觉过了四十余天"。他日后总结，这么多天，除了给家里写过几封信，帮人作了一首寿文之外，"余皆怠忽，因循过日，故日日无可记录"。③ 恒心不够，不仅做不成大事，就连往昔本可完成之事，也难于坚持，不啻是沦为半个废人。

再如曾国藩用心不专，故导致学术不精，加之翰林院同侪里天才汇聚，高手林立，自觉一无是处。故曾心生才疏学浅的恐慌与沮

---

① （清）曾国藩：《日记》之一，《曾国藩全集》第十六册，长沙：岳麓书社，2011年，第116页。

② （清）曾国藩：《日记》之一，《曾国藩全集》第十六册，长沙：岳麓书社，2011年，第146页。

③ （清）曾国藩撰，唐浩明编：《曾国藩诗文集》，长沙：岳麓书社，2015年版，第40页。

衰:"无如体气本弱,耳鸣不止,稍稍用心,便觉劳顿,每自思念,天既限我以不能苦思,是天不欲成我之学问也。故近日以来,意颇疏散。计今日若可得一差,能换一切旧债,则将归田养亲,不复恋恋于利禄矣。"①可见三十出头时的曾国藩,并无大志,甚至精神有些颓唐。

知不足,便应改变,提升自身修养。改变自己,须大处着眼,要树立真志。道光二十年六月初七深夜,曾回首九年前自己改号为涤生,寓意"涤其旧染之污","从前种种,譬如昨日死;从后种种,譬如今日生",可惜时光匆匆,自己仍是"不学如故"。深惭之余,曾决心"勤俭有恒,无纵逸欲,以丧先人元气。困知勉行,期有寸得,以无失词臣体面"②。如果日日用功有常,自能无愧于己,无愧于人,无愧于天地。

懒惰之人往往意志力薄弱,害怕变革。曾国藩早年长期吸旱烟。一日,曾反思此嗜好,"每日昏锢,由于多吃烟,因立毁折烟袋,誓永不再吃烟,如再食言,明神殛之!"③毒誓易发,坚持颇难,次日,他就开始彷徨无主,寝食不安。戒烟还是复吸,此刻在其心中已是个异常纠结又必须直面的问题。经过一番内心挣扎,他终于醒悟:"初戒吃烟,如失乳彷徨,存一番自恕底意思。此一恕,天下无可为之事矣。急宜猛省。"④一个月后,曾戒烟成功。此事看似平常,实

① 钟叔河整理校点:《曾国藩家书》,长沙:湖南大学出版社,1989年,第116页。

② 邓立勋编著:《曾国藩自述》,海口:海南出版社,1996年,第24页。

③ (清)曾国藩:《日记》之一,《曾国藩全集》第十六册,长沙:岳麓书社,2011年,第120—121页。

④ (清)曾国藩:《日记》之一,《曾国藩全集》第十六册,长沙:岳麓书社,2011年,第100页。

则体现了其自制力、意志力的提升。

与人交往，傲是大忌。如何除之？曾国藩给出的办法其实并不玄妙："天地间惟谦谨是载福之道，骄则满，满则倾矣。"[1]换言之，为人须时刻谨慎，莫自满忘形。

综上，所谓"修养"，便是做减法的过程，剔除的，俱是人身上的坏毛病、臭脾气，于是以一番新面貌示人，自然能广结善缘，故"修为人之学，养处世之道"。

## （二）"博通"

曾国藩又是晚清学术大家。对曾氏相知甚深的同乡欧阳兆熊曾如此评价其学问嬗变历程：

> 文正一生凡三变。……其学问初为翰林词赋，既与唐镜海太常游，究心儒先语录。后又为六书之学，博览乾嘉训诂诸书，而不以宋人注经为然。在京官时以程朱为依归。至出而办理团练事务，复而申韩。[2]

终其一生，曾氏学问从未故步自封、拘于一家，始终以开放的态度兼收并蓄、蔚为大观，展现出鲜明的博通特质。

---

[1]（清）曾国藩：《致澄弟》，《家书》之一，《曾国藩全集》第二十册，长沙：岳麓书社，2011年，第563页。

[2]（清）欧阳兆熊、（清）金安清撰，谢兴尧点校：《水窗春呓》，北京：中华书局，1984年版，第17页。

之所以博通，首在遵循博观约取之法。曾国藩借用南宋朱熹的说法比喻治学的正确路径，"为学譬如熬肉，先须用猛火煮，然后用慢火温"①。在其看来，初涉学术堂奥之辈，应先立下志向，且时不我待，"宜在二三十岁立定规模，过乎后则长进极难"，"少年不可怕丑，须有狂者进取之趣"，②下一番苦功夫，通读古来圣贤经典著述。并且亦要讲求技巧，"看生书宜求速，不多阅则太陋，温旧书宜求熟，不背诵则易忘"③。如此一番"先猛后温"的磨砺后，学者既摸清了古今学术之规模，又往往在遍观泛览中寻觅到自己的兴趣所在，集中精力将研究做深做专。

之所以博通，并非于海量阅读中信马由缰、流于泛泛，实当秉持体用之道。晚年主政直隶时，曾国藩特意写了一篇《劝学篇示直隶士子》一文，探讨为学之道，其中曰：

> 为学之术有四：曰义理，曰考据，曰辞章，曰经济。义理者，在孔门为德行之科，今世目为宋学者也。考据者，在孔门为文学之科，今世目为汉学者也。辞章者，在孔门为言语之科，从古艺文及今世制义诗赋皆是也。经济者，在孔门为政事之科，前代典礼、政书，及当世掌故皆是也。④

---

① （清）曾国藩：《致澄弟温弟沅弟季弟》，《家书》之一，《曾国藩全集》第二十册，长沙：岳麓书社，2011年，第31页。

② （清）曾国藩：《谕纪泽》，《家书》之一，《曾国藩全集》第二十册，长沙：岳麓书社，2011年，第362页。

③ （清）曾国藩撰，唐浩明编：《曾国藩全集·家书一》，长沙：岳麓书社，1994年，第362页。

④ （清）曾国藩：《劝学篇示直隶士子》，《曾国藩全集》第十四册，长沙：岳麓书社，2011年，第486—487页。

这四者不是并列关系,有其内在的主次之序,即义理为体,经济为用,义理统摄经济,经济从属义理,也就是说,无论为人、治学或治事,总要先有一种正确的指导思想作为引导,否则便容易陷于或一叶障目、或泛滥无归的境地。义理为先,这就避免了贪多而不务得、闭门而造废车的弊病。

之所以博通,尚贵在心怀持之以恒之念。强调贵恒,大致有两个层面,一是读书不可半途而废,不能因看不懂或记不住便放弃。他曾告诫儿子曾纪泽:"读书记性平常,此不足虑,所虑者,第一怕无恒,第二怕随笔点过一遍,并未看得明白,此却是大病。若实看明白了,久之必得些滋味,寸心若有怡悦之境,则自然记得矣"。[1] 一是读书实乃一无功利色彩的生活方式,当贯穿始终。曾国藩后半生虽戎马倥偬但不废书卷,每至清夜,他都要定时阅读,还常因无所得而唱叹"念学术一无所成,欲为桑榆晚盖之计,而精力日颓,悔恨无已"[2]。

值得留意的是,晚年的曾国藩案头多了一些介绍西学的读物,可见身处数千年未有之大变局的清廷重臣更加关注西方,从而不断扩展个人的知识视野。当前,作为党员干部,我们同样面临着"世界百年未有之大变局",了解西方,熟悉他者,该需求愈发迫切。唯有如此,才能达到"博通",即"博众家之学,通中西之变"。

---

① (清)曾国藩:《谕纪泽》,《家书》之一,《曾国藩全集》第二十册,长沙:岳麓书社,2011年,第437—438页。

② (清)曾国藩:《日记》之四,《曾国藩全集》第十九册,长沙:岳麓书社,2011年,第196页。

# （三）熬炼

品行端方，腹有诗书，虽堪称修身的优质层级，但尚不足以应对急难险重的现实事务。故乃将纸上得来、心中悟出的道理置于繁杂的实践中去检验，个体也要在治事过程中反复磨炼。

1852 年，曾国藩因母亲病故返乡守孝。恰逢太平军挥师北上，逼近湖南，响应清廷号召，曾氏编办团练，护卫地方。虽是朝廷二品大员，但彼时曾国藩只有满腹的经纶与官场的阅历，却不曾谙熟基层情形，更未见识血雨腥风的搏杀与经受生死之际的考验，便对修己与治事的关系缺乏最深层之领悟。

于是，在一次次摧折与磨难中，曾国藩之心境与修为如凤凰涅槃似地升华。初创时期，曾国藩一度欲借助其身份来要求朝野给予支援和协助，结果落得个中央不管、官员不理、士绅不屑、民众不从的尴尬局面，可见其并未参透地方的人情世故。与太平军甫一交锋，靖港之战败得丢盔卸甲，又恼又羞的曾国藩自杀未果；两年后在江西湖口又遭惨败，万念俱灰的曾氏再度自杀未遂，终在绝处悟得心理上的一片重生之境，于是给皇帝奏折里落下铿锵有力的"屡败屡战"四个大字。此后，曾氏在日趋惨烈的战役中印证了自己的心得：较之灭山贼，更难的且更关键的是破心贼。"心贼"在内，即在岁月往复中不知不觉形成的诸多成见与妄念，在外便是赵烈文所指的"世俗文法"。只有先放下执念，说服自己，才能将朋友越团结越多，将敌人搞得越来越少，赢得皇帝、大臣、官员、乡绅与百姓的认可，化解看似密不透风的尘世网罗。这需要时间，需要情

商,亦需要耐心与意志,故曾国藩日后总结:

> 余初为京师权贵所唾骂,继为长沙所唾骂,再为江西所唾骂,以至岳州之败、靖港之败、湖口之败,盖打脱牙齿多矣,无一不和血吞之。①

曾的办法,一如他一生处理所有事物的办法一样简单而高妙:熬不下去,也要熬,以强悍的蛮劲打通此关。这也验证了当年王阳明的"事上磨炼"命题:"人须在事上磨,方立得住。"即"熬强大内心,炼无欲之念"。

## (四)敬慎

也就在军事磨炼的过程中,曾国藩明白了为人处世的两大原则,其一是敬慎。

敬慎本是研习宋明理学人士们所惯常的修养方式,然而对曾国藩而言,更多意味着处事原则。该原则可分为两截,一截是敬畏,对时局、世局敏感洞察。早在京师任职时,曾国藩已体味到世风每况愈下,坦言"二三十年来,士大夫习于优容苟安,揄修袂而养姁步,倡为一种不黑不白、不痛不痒之风,见有慷慨感激以鸣不平者,则相与议其后,以为是不更事,轻浅而好自见。国藩昔厕六曹,

---

① (清)曾国藩撰,唐浩明编:《曾国藩全集·家书二》,长沙:岳麓书社,1994 年,第1309 页。

目击此等风味,盖已痛恨刺骨"①。对此衰颓之世相,曾认为"非得二三君子,倡之以诚朴,道之以廉耻,则江河日下,不知所届"②。故而他特别注意结交、推崇德性、修身先进之人,无论是理学名流唐鉴、倭仁、吴廷栋,还是后来纳入其湘军麾下的李氏续宜、续宾兄弟,郭嵩焘,刘蓉,皆是气节品行无亏之人。曾氏相信,只有这样的人士越来越多,遍布各地,才会转移风气,令局势蒸蒸日上。

另一截是谨慎。1860 年,湘军大将曾国荃攻破安庆,立下奇功。胜利之际,曾国藩亦不免有些小得意,不过很快就回过神来,告诫曾国荃为官"极盛之时,每虞蹉跌",互相共勉"当格外小心"。③ 过了数月,曾国藩专门写了一封长信,语重心长地再三提醒。眼下的曾氏家族好似如日中天,接下来很可能面临薄暮西山的危险。曾在此处,引了两个历史典故:

> 霍氏盈满,魏相概(抑制铲平的意思)之,宣帝概之;诸葛恪盈满,孙峻概之,吴主概之。待他人之来概而后悔之,则已晚矣。④

① (清)曾国藩:《复龙启瑞》,《书信》之一,《曾国藩全集》第二十二册,长沙:岳麓书社,2011 年,第 397 页。
② (清)曾国藩:《复陈士杰》,《书信》之八,《曾国藩全集》第二十三册,长沙:岳麓书社,2011 年,第 721 页。
③ (清)曾国藩:《致沅弟》,《家书》之一,《曾国藩全集》第二十册,长沙:岳麓书社,2011 年,第 701 页。
④ (清)曾国藩:《致沅弟季弟》,《家书》之二,《曾国藩全集》第二十一册,长沙:岳麓书社,2011 年,第 24 页。

霍光当年多风光,诸葛恪彼时多霸道,终究难逃身败名裂。前车之鉴,历历在目。既然如此,曾国藩劝诫诸兄弟应早做打算,与其他人概之,不如自概,谨慎处事,毋蹈盈满之覆辙。

两截合二为一,即"敬先进之辈,慎不测之忧"。

## (五)"诚信"

另一大原则,便是人们常挂在嘴边的"诚信"。

所谓诚信,并非一人之德,一人之事,而是天下之德,众人之事。曾国藩历经道光、咸丰、同治三朝,对于官场风气之变幻,感触堪称刻骨。他在行将围困金陵之际,致信曾国荃,痛思以往政风之恶,官员奏疏"托言彼事以耸听者",此道光末年之陋习,"欺蒙宣宗,逮文宗朝已不能欺,今则更不宜欺矣"。[1] 越是饱更事变,越应自信笃实,如果自己走入机巧伪诈一途,则世风政风必定"日趋日下也"。其内心之清醒坚韧,甚值钦佩。

那如何践行诚信?曾国藩给出了自己的方式:"凡人以伪来,我以诚往,久之则伪者亦共趋于诚矣。"[2]也就是说,别人对我虚伪,而我须以不变应万变,始终保持诚信,久而久之,便会出现两种情况:要么一部分奸诈之辈相形见绌,逐渐被你感染,摘掉面具用真心;要么另外一部分人自知与你道不同不相为谋,从而渐行渐远不

---

[1]（清）曾国藩:《致沅弟季弟》:《家书》之二,《曾国藩全集》第二十一册,长沙:岳麓书社,2011 年,第 203 页。

[2]（清）曾国藩:《致沅弟》,《家书》之一,《曾国藩全集》第二十册,长沙:岳麓书社,2011 年,第 357 页。

往来。这就是诚信的力量！正所谓"诚可以动人，信方能不坠"。

　　1917 年 8 月 23 日，青年毛泽东在致黎锦熙的信中写道"愚于近人，独服曾文正"①。他钦服曾国藩的，恐怕不止其事功，还有其修己与治事相贯通的境界。其实该境界并非无法复制的独门绝技，而是曾国藩用生命活出来的心得与领悟，无论"修养""博通"，还是"熬炼""敬慎"与"诚信"，都可以在其一生事迹中得以印证，可以说是实实在在的。

　　在一个前所未有之大变局中，缺乏人格与道德的政治家，是难以负重而致远的。这或许是曾国藩为人处世之道对后人最大的启示所在。

---

① 毛泽东：《致黎锦熙信》，中共中央文献研究室、中共湖南省委《毛泽东早期文稿》编辑组编：《毛泽东早期文稿　1912—1920》，长沙：湖南出版社，2013 年，第 85 页。

# 结语

众所周知，中华民族是一个"历史"的民族，中华文明之所以历经五千多载而未断裂，且保持与时偕行的韧性与活力，要因之一即在于具备深刻的"历史"根性。

如何从吾国民族与文明中提炼并提升对自我历史、自身道路的真正且真实的自信，从而观往瞻远，为实现民族的宏大目标注入强大的精神力量，则显得极为重要。"历史自信"这一重要理论命题的提出，可谓对此根本性问题的呼应与追问。

中国共产党第二十次全国代表大会报告两次提及"坚定历史自信"这个重要论断，值得高度关注。一处是在开篇阶段，报告强调"全党同志务必不忘初心、牢记使命，务必谦虚谨慎、艰苦奋斗，务必敢于斗争、善于斗争，坚定历史自信"，另一处是在"开辟马克思主义中国化时代化新境界"部分，报告指出"坚持和发展马克思主义，必须同中华优秀传统文化相结合。只有植根本国、本民族历史文化沃土，马克思主义真理之树才能根深叶茂。必须坚定历史自信、文化自信，坚持古为今用、推陈出新，把马克思主义思想精髓同中华优秀传统文化精华贯通起来、同人民群众日用而不觉的共同价值观念融通起来，不断赋予科学理论鲜明的中国特色，不断夯实马克思主义中国化时代化的历史基础和群众基础，让马克思主义在中国牢牢扎根"。

围绕"历史自信"这一理论命题，二十大报告明晰地揭示出今后理论界、学术界亟待深研的三个议题：如何深入把握历史自信的理论构建；如何全面理解"马克思主义基本原理同中华优秀传统文化相结合"与历史自信的内在关联；如何系统挖掘历史自信的文明根基。

理论研究最忌"大水漫灌"式的解读、"狂风呼啸"式的宣讲，最适度的路径，恐怕仍是要沉下心来深入探讨、悉心思索，将经过苦心孤诣而得的些许领悟与众人分享。毕竟对于"历史自信"的研究，无论学术界、抑或理论界，尚处于方兴未艾之际，笔者这本拙作，坦率而言，亦非特别系统、周全的论著，充其量权当一部日常学习体会之汇编而已。故题目用《渊源与实践》加以框定，意在说明本书疏漏之处尚多。

中国学术，自古注重经史关系，三代时期形成的六经，明显具备亦经亦史的属性和特质，其中《尚书》《春秋》，本即严格意义上的史书，《诗经》《周易》与《三礼》不乏史料价值，且蕴含丰赡的史学思想，这为之后出现"六经皆史"的理论预做了素材铺垫。而对于"历史自信"理论，亦当作如是观。它既是源自中国历史尤其是中国共产党历史的一种实践结论，更是百年来理论探索的宝贵结晶，是另一种"经"（理论）与"史"（实践）的结合。职是之故，未来的研究，如何打通二者的结合关联，将是该项研究的关键处，也是笔者当继续深入探究的重点所在。